Die Nebenbei-Diät
Das Kochbuch

ELISABETH LANGE

DIE NEBENBEI-DIÄT ZUM WOHLFÜHLEN

Küchentechnische Purzelbäume sind für die lecker-leichte Küche der Nebenbei-Diät nicht nötig, Diätpläne auch nicht. Unser Motto: Abnehmen geht nur, wenn es auch Spaß macht. Es geht darum, etwas Neues zu lernen, anders zu kochen, mehr auf Gemüse zu setzen, viele Kräuter zu nutzen oder zu experimentieren – einfach mal öfter mit neuen Gewürzen und Zutaten zu hantieren. Geiz lohnt sich bei fetter Wurst und Sahne, bei Paniertem und Frittiertem, bei Knabberkram und Süßigkeiten. Dafür kommen öfter Fisch, Geflügel und magere Milchprodukte auf den Tisch. Anstelle von tierischen Fetten brutzelt – sparsam bemessen – gutes Pflanzenöl in der Pfanne.

ENTSPANNT GENIESSEN

Für den langfristigen Erfolg ist es am besten, man verbietet sich nichts. Wenn man mehr gesunde Sachen auf den Tisch bringt, treten fette und süße Verlockungen ganz von selbst in den Hintergrund. Diese simple, stressfreie Strategie zeigt sich in allen Rezepten dieses Buchs. Es gibt keine Verbote, nur kalorienleichte Alternativen.

Ein weiterer Erfolgstrick ist es, die Mengen auf dem Teller langsam zurückzufahren. Ausschleichen nennen Mediziner es, wenn sie ein Arzneimittel schrittweise über einen längeren Zeitraum geringer dosieren, damit der Körper davon möglichst wenig Notiz nimmt. Auch beim Essen kann man die Mengen sachte auf ein figurfreundliches Maß schrumpfen lassen. Auf diese Weise vermeidet man den Hungerschock, der einem sonst das Leben schwer macht und den Körper zum Aufbegehren bringt. Viele Diäten empfehlen, täglich 1000, mindestens aber 500 bis 600 Kalorien einzusparen. Wer mit der

Extra viele BALLASTSTOFFE

Die Grundidee dieses Kochbuchs: Kein Verzicht, wenig Aufwand, aber reichlich Genuss. Wir haben geliebte **KLASSIKER LEICHTER** gemacht und sagen Ihnen auch gleich, wie viele Kalorien Sie sparen. So macht das Selberkochen doppelten Spaß: Gut leben und abnehmen.

30 % Kalorien DURCH ZUCKER

Nebenbei-Diät stressfrei abnehmen möchte, gönnt sich in den ersten vier Wochen vielleicht nur 200 Kalorien weniger als sonst. Hat der Körper sich daran gewöhnt, kann man die Menge im Lauf der nächsten Monate nach und nach um bis zu 400 Kalorien reduzieren. Bei dieser sanften Art verläuft die Kurve der Gewichtsabnahme natürlich flacher als bei Radikalkuren und man braucht Geduld, wird aber mit nachhaltigem Erfolg belohnt. Aber Achtung, Maßhalten ist angesagt. Misst man das, was auf den Tisch kommt, immer nur „Pi mal Daumen", steigern sich Mengen mit der Zeit oft unmerklich. Das Problem dabei: Je größer die Portion, desto mehr essen wir. Ausweg: Abwiegen, was man gerade essen will – und die Mengen nach und nach schrumpfen lassen. Dann kommt anstelle eines 180-Gramm-Steaks beim nächsten Mal eins von 150 Gramm in die Pfanne. Oder statt eines riesigen

Baguettebrötchens von 90 Gramm und 225 Kalorien isst man eins, das nur 60 Gramm wiegt und 150 Kalorien hat. Wer bei Müsli, Desserts, Reis oder Nudeln seine Mindestportionsgröße zum Sattwerden festgelegt hat, sucht sich Gefäße, also zum Beispiel eine Tasse oder eine Schale, in die die gewünschten Mengen genau hineinpassen, und nimmt diese Gefäße künftig als Maß. So muss man nicht mehr abwiegen.

RUHE BEWAHREN

Was tun, wenn der Zeiger der Waage sich in den ersten zwei Wochen nicht rührt? Gelassen bleiben! Oft benötigt der Körper erst eine kurze Konsolidierungsphase, bevor die Pfunde schwinden. Das gilt vor allem, wenn man zusätzlich zur Diät Sport treibt. Dann legt der Körper erst einmal beim Muskelgewicht zu und man sieht auf der Waage nicht, dass das Fett bereits schmilzt.

Mehr Eiweiß, WENIGER FETT

70% Kalorien AUS KOHLENHYDRATEN

Gute Ideen aus allen Küchen der Welt kommen hier zusammen. Unsere Nebenbei-Diät ist **DAS RICHTIGE ABNEHMPROGRAMM** für das echte Leben. Deswegen gibt es auch echte Lieblingsgerichte und keine Sparmixturen: Fish & Chips, Pizza und Schweinebraten sind genauso dabei wie Tiramisu.

Einfache kleine Kochtricks, riesengroße Wirkung: Ganz **NEBENBEI** erfahren Sie in diesem Buch wie man mit links kocht, dabei Kalorien spart, Nährstoffe schont und Gerichte mit großem Geschmack zaubert, die jeden Gast am Tisch beeindrucken.

450 KALORIEN SPAREN

LUXUSKALORIEN

ESSENTIALS

ANHANG

Abkürzungen im Rezeptteil:

vt = vegetarisch   vgn = vegan

Leichter kochen

Kochen macht schlank und glücklich. Klingt einfach, ist es auch! Vorausgesetzt, man knausert mit kalorienreichen Zutaten und setzt stattdessen auf nährstoffreiche Frischkost. Echte Lieblingsgerichte soll es natürlich weiterhin geben. Hier erfahren Sie, wie kalorienleichte Küche richtig gut gelingt und schmeckt!

UNGEWOHNTE ZUTATEN

FILOTEIG: Die dünnen Teigblätter aus der östlichen Mittelmeerküche sind ein fettarmer Ersatz für Blätterteig. Reste einfrieren.

GEWÜRZE: Kurkuma, Kardamom & Co. gibt es im Supermarkt meist fertig gemahlen. Kapseln und Kerne selber mahlen bringt mehr Aroma.

GRIECHISCHER JOGHURT: Sehr cremig, mit etwa dreimal so viel Eiweiß wie Sahne, aber höchstens einem Drittel Fett.

GUARKERNMEHL: Ballaststoffreiches, sehr sparsames Bindemittel aus dem Samen der Guarpflanze, kalt und warm zu verwenden.

INULIN: löslicher, puderzuckerähnlicher Ballaststoff aus der Zichorienwurzel.

MAGERMILCHPULVER: Erhöht mit 35 Prozent Eiweiß schnell und praktisch fettfrei den Eiweißanteil.

QUINOA: Das Inka-Korn aus Südamerika hat doppelt so viel Eiweiß und dreimal so viele Ballaststoffe wie Naturreis.

REISBLÄTTER: Hauchdünne Hülle hauptsächlich aus Reismehl, für Füllungen mit Fleisch, Garnelen oder Gemüse.

SOJAMEHL: Das hellgelbe Mehl aus der Sojabohne enthält etwa viermal so viel Eiweiß und Ballaststoffe wie Weizenmehl. Gut als Ersatz für Ei, lockert Teig auf, gibt ein cremiges Mundgefühl.

TAMARINDENPASTE: Das leicht süßsäuerliche Mark aus der Schote eines tropischen Baums würzt fast kalorienfrei Limos, Suppen und Saucen.

Schlau einkaufen

Fragen Sie ruhig: Supermärkte sind oft sehr gut sortiert und führen viele dieser Zutaten, allerdings manchmal etwas versteckt. Gute Adressen sind auch: Bioläden, Reformhäuser, Asia-Shops, türkische Läden. Das Internet liefert alles, auch Bilder, Informationen, Preisvergleiche. Großbestellungen lohnen wegen der Portogebühren.

GUTE GERÄTE

Man braucht keine teure oder ausgefallene Küchenausstattung zum kaloriensparenden Kochen. Hier sind die wichtigsten Helfer für die schlanke Küche.

BESCHICHTETE PFANNEN UND TÖPFE

Fast fettfreies Braten klappt nur mit Antihaftbeschichtung. Die lässt mit der Zeit nach. Leisten Sie sich öfter eine neue Pfanne. Tests zeigen: Auch billige braten gut. Sinnvoll sind eine große (28 cm) und eine kleine (20 cm). Diese Maße gelten für den Pfannenrand – eine 20er-Pfanne passt auf eine 18-cm-Kochstelle. Nährstoffe schonend ist das Garen unter einem Deckel; hitzefeste aus Silikon passen auf mehrere Größen. Eine halbe Stunde im Backofen übersteht praktisch jede Pfanne.

MIXER, BLITZHACKER, PÜRIERSTÄBE

Scharfe Messer sind wichtiger als hohe Wattzahlen. Gute Pürierstäbe ersetzen bei Pestos, Suppen, Smoothies den großen Mixer. Blitzhacker können mehr: Sie zerkleinern Nüsse, Schokolade, oft sogar Fleisch, aber immer nur kleine Mengen.

MIKROWELLENGERÄTE erledigen Auftauen, Schmelzen, Erwärmen fast nebenbei.

REIBEN: Ob fein oder grob, nur superscharfe Exemplare sparen Zeit und Geld. Sie reiben Parmesan zum Beispiel bis auf die Rinde.

KÜHLSCHRÄNKE UND GEFRIERGERÄTE

Die besten Stromsparer gehören zur Energieklasse A+++ und sind No-Frost-Geräte, sie müssen nicht abgetaut werden. In Kaltlagerfächern (0–3 °C) hält Fleisch bis zu fünfmal länger. Ersatzweise: Hinten unten an der Rückwand des Kühlschranks lagern; Temperatur checken (Spezialthermometer).

FOLIEN, KUNSTSTOFFDOSEN, TIEFKÜHLBEUTEL:

Sauerstoffarm in Frischhaltefolie verpackt, hält alles länger. Tiefkühlbeutel sind ideal, um Saucen, Fonds, Pürees flach einzufrieren und bei Bedarf abzubrechen. Suppen, Salate, ganze Gerichte passen in Kunststoffdosen.

FOLIEN UND BACKPAPIER sparen die Fettzugabe und schonen Nährstoffe.

DÄMPFTÜTEN für die Mikrowelle sind besonders zum Garen kleiner Mengen von ein bis zwei Portionen praktisch. Sie können sie ruhig mehrfach benutzen.

SPORT SICHERT DEN ERFOLG

Wer seine Muskeln bewegt, macht etwa das Gleiche wie ein Autofahrer, der aufs Gaspedal tritt: Der Motor kommt auf Touren und es wird mehr Treibstoff verbraucht. Den Treibstoff für die Muskeln speichern wir in unseren Fettpolstern. Wer sich bewegt, holt Energie, also Kalorien aus dem Vorrat und setzt sie in Aktivität um. Selbst bekennende Couch-Potatos können durch regelmäßigen Sport ihre Fettverbrennung binnen einer Woche steigern. Schon wenn man seine Muskeln nur 30 Minuten kräftig spielen lässt, greift der Körper als Brennstoff auf Fettsäuren aus den Speckpolstern zurück und die Pfunde schmelzen.

WAS SIND DIE BESTEN FATBURNER?

Es kommt darauf an, was man darunter versteht. Meint man damit magische Substanzen, die helfen sollen, die Fettverbrennung anzuheizen, während man still auf dem Sofa sitzt? Dann heißt die Antwort: Es gibt sie gar nicht, die legendären Fatburner. Ihre viel gepriesenen Effekte sind – wenn überhaupt – mikroskopisch klein und machen sich auf der Waage nicht bemerkbar. Die einzigen echten und hochwirksamen Fatburner sind unsere Muskeln. In Sachen Kalorienverbrauch sind sie unschlagbar, aber man muss sie natürlich in Gang setzen. Jede regelmäßige Trainingsstunde erhöht den Grundumsatz. Man verbraucht also nicht nur durch das Training an sich Energie, sondern bekommt dazu einen Gratisbonus beim Grundumsatz. Verbrennt man durch Fitnesstraining pro Woche etwa 500 Kalorien, schwinden durch den erhöhten Grundumsatz nochmals 100 bis 150 Kalorien.

Am besten wirken Ausdauersportarten, die den Energiestoffwechsel für längere Zeit hochfahren, dabei viel Fett aus den Depots holen und sofort verbrennen. Den höchsten Kalorienverbrauch erreicht man beim Skilanglauf, beim Joggen und beim Rudern. Gleich danach kommen Schwimmen, Skaten und Radfahren. Wem diese Sportarten zu anstrengend sind oder wer seine Gelenke schonen möchte, entscheidet sich vielleicht lieber fürs Walken oder für Nordic-Walken mit Stöcken.

VORTEIL 1: SPORT MACHT ABNEHMEN LEICHTER.

Wer sich angewöhnt, wie bei der Nebenbei-Diät beim Kochen auf die Kalorien zu gucken und dabei noch regelmäßig Sport treibt, schafft ein Kaloriendefizit, das sich am Zeiger der Waage bemerkbar macht.

VORTEIL 2: SPORT MACHT SCHÖN.

Mit dem Zuwachs an Fitness verbessert sich auch das optische Erscheinungsbild. Der Körper richtet sich auf, die Speckpolster verschwinden nach und nach. Der Körper wirkt straffer und meistens auch jünger.

VORTEIL 3: SPORT MACHT STIMMUNG.

Wenn der Körper auf Touren kommt, werden Hormone ausgeschüttet, die für Wohlbefinden sorgen und das Selbstvertrauen fördern.

VORTEIL 4: SPORT STABILISIERT ERFOLG.

Weil Muskeln mehr wiegen als Fett, kann es einige Zeit dauern, bis man auf der Waage sieht, dass das Gewicht fällt. Doch die Fettpolster schmelzen – und zwar nachhaltig! Menschen, die weniger essen, aber keinen Sport treiben, verlieren anfangs viel Gewicht; sie bauen dabei aber auch Muskelmasse ab. Das treibt den Stoffwechsel zum Energiesparen, die verlorenen Pfunde kommen oft wieder zurück. Wer Sport treibt, muss den Jo-Jo-Effekt nicht fürchten.

VORTEIL 5: SPORT MACHT MUSKELN.

Je mehr Muskeln jemand besitzt, desto mehr Kalorien verbrennt der Körper. Der Grund: Muskeln verbrauchen mehr Energie als andere Gewebearten. Sportler können deshalb mehr essen, ohne zuzunehmen. Selbst wenn sie ruhig auf dem Sofa sitzen, verbrennen sie mehr Kalorien als andere.

VORTEIL 6: SPORT SCHÜTZT DAS HERZ.

Regelmäßige Bewegung verringert das Risiko für Herzinfarkte und Schlaganfälle deutlich. Im Rahmen einer wissenschaftlichen Studie fanden Forscher heraus, dass sich nach nur drei Monaten mit moderatem Ausdauersport die Laborwerte um etwa 20 Prozent verbesserten und auch der Blutdruck deutlich gesenkt wurde. Also die Walkingstöcke nehmen und losgehen.

WENIGER KALORIEN, MEHR NÄHRSTOFFE...

Sparsam essen und trotzdem reichlich Vitamine, Mineralstoffe und wertvolles Eiweiß auf den Teller zaubern? Wie man das hinkriegt? Ganz einfach, indem man auf „leere Kalorien" verzichtet, also Zucker und auch Fett einschränkt. Dann bleibt ein größeres Kalorienbudget für Vollkorn, wertvolle Öle, Fisch, Obst und Gemüse.

Wer gut satt werden möchte, macht am besten für eine Weile um Restaurants und Imbissstände einen Bogen und kocht zu Hause. Denn nur, wenn man selber am Herd steht, weiß man genau, wie viel Fett und Zucker auf dem Teller landet.

TIPP 1: FETT LOSWERDEN

Beim Kochen oder Schmoren von Fleisch geht ein großer Teil des Fetts in die Brühe oder den Bratenfond über. Das lässt sich mit einem Fettabscheidekännchen nahezu komplett entfernen. Weil Fett sich an der Oberfläche absetzt und der Ausguss der Kanne unten sitzt, bleibt das Fett in der Kanne zurück und landet nicht mehr auf dem Teller (siehe Foto links).

TIPP 2: SÜSSSTOFFE NUTZEN

Bislang gibt es keinen Beleg dafür, dass sie in haushaltsüblichen Mengen schaden. Fachleute vom Bundesinstitut für Risikobewertung (BfR) und der Deutschen Gesellschaft für Ernährung (DGE) sehen daher keinen Grund, vor Süßstoffen zu warnen. Doch stillt kalorienfreie Süße allein den Hunger nicht. Die Nebenbei-Diät rät deshalb zu einem Kompromiss: etwas Zucker für die Grundsüße, etwas Süßstoff zum Abrunden.

TIPP 3: MIT WENIG FETT AUSKOMMEN

Beim Braten in beschichteten Pfannen reicht es meist schon, wenn man den Boden mit wenig Öl einpinselt. Fleisch mit kleinen

Fettadern oder Fetträndern bräunt sogar ganz ohne Fettzugabe, wenn man die Pfanne erst mal kalt aufsetzt und dann langsam erhitzt, bis genügend Fett aus dem Bratenstück herausgetröpfelt ist. Weitere Tipps und Tricks zum kulinarisch attraktiven Fettsparen finden Sie in den Rezepten auf vielen der folgenden Seiten.

TIPP 4: ZUCKER SPAREN

Sie würzen gern mit einer Prise Zucker? Kein Problem. Solche Minimengen dienen dem Körper als Anhaltspunkt für den Nährwert des Gerichts. Größere Mengen Zucker dagegen treiben den Blutzucker blitzschnell hoch und können deshalb Heißhunger auslösen.

Kalorienkonto

Wie viele Kalorien der Einzelne täglich verbraucht, das hängt davon ab, ob er körperlich schuftet, rennt und rackert oder den Tag am Schreibtisch und den Abend im Sessel verbringt. Je aktiver der Mensch, desto größer sein Kalorienverbrauch.

Durchschnittsmenschen wie die meisten von uns haben wenig Bewegung – und sind vor allem mit Bürotätigkeiten und im Haushalt beschäftigt. Kalorienkennzahl: 31 bis 32 Kalorien pro Kilo Körpergewicht

Regelmäßig Aktive verbrauchen Kalorien beim Radfahren, der Gartenarbeit oder beim Freizeitsport. Kalorienkennzahl: 33 bis 34 Kalorien pro Kilo Körpergewicht

Sportler und Arbeiter verbrennen täglich viele Kalorien bei intensiver körperlicher Aktivität, z. B. bei anspruchsvollem Training oder schwerer körperlicher Arbeit. Kalorienkennzahl: 35 bis 38 Kalorien pro Kilo Körpergewicht

Eine einfache Formel hilft, den eigenen Bedarf grob einzuschätzen: persönliche Kalorienkennzahl mal Körpergewicht.

Ein Durchschnittsmensch von 70 Kilo rechnet: 31 x 70 = 2170 Kalorien. Wer etwas aktiver ist, multipliziert sein Körpergewicht mit 33 und gönnt sich 2310 Kalorien. Engagierte Sportler, die jeden Tag hart trainieren, können ihr Budget sogar mit 38 Kalorien pro Kilogramm Körpergewicht errechnen.

Wer sein überschüssiges Körperfett langsam, aber sicher abschmelzen möchte, kürzt dieses Budget für sich erst um 200, dann um 400 Kalorien. Hat man sich erst an die fettarme leichte Küche der Nebenbei-Diät gewöhnt, gelingt das ohne große Anstrengung.

Frühstück

Fast jeder hat seine geliebte Morgenroutine.
Die muss man gar nicht groß ändern, aber manchmal ein bisschen optimieren. Es lohnt sich jeden-
falls, eine leichtere Version des eigenen Lieblings-
frühstücks auszuprobieren. Denn bekanntlich ist
das Bessere der Feind des Guten.

BESSER FRÜHSTÜCKEN!

DIE ERSTE MAHLZEIT WEGLASSEN, weil morgens die Zeit zu knapp ist und man die Kalorien lieber einspart? Keine gute Idee! Lieber das richtige Lieblingsfrühstück herausfinden.

Lachs und andere Räucherfische, Nüsse und Samen für **BESTE FETTSÄUREN** einplanen. Unser Lachsbrötchen ist ideal dafür!

Cremiger Quark mit Früchten: eine **TOPQUELLE FÜR KALIUM**

Wer das süße Aroma von **KARDAMOM** im Müsli liebt, kauft das Gewürz nicht gemahlen, sondern nimmt Körnchen ohne Samenhülsen. Einfach in eine preiswerte Pfeffermühle füllen und immer frisch mahlen. Ein echter Kick!

Wildlachse enthalten mehr wertvolle **OMEGA-3-FETTSÄUREN** als Zuchtlachse. Weil beim Abnehmen Nährstoffe ohnehin knapp sind, für den besseren Fisch etwas mehr Geld anlegen.

Gute Nachricht für Eierfans: Im Vergleich zu anderen Eiweißquellen mit gleicher Kalorienzahl scheinen **EIER HUNGER** am besten zu bremsen und den Appetit für bis zu 36 Stunden positiv zu beeinflussen.

Spiegeleier mit Speck, das ist das Traumfrühstück vieler **MÄNNER!** Richtig zubereitet, gar nicht schlecht für die Figur.

Gekaufter Instant-Chai-Latte enthält gegenüber selbstgemachtem fast **ZEHNMAL SO VIEL KALORIEN**, viermal so viel Fett und reichlich gesättigte Fettsäuren.

Frisches Obst **SPART FETTEN BELAG** und ist ideal als Magenfüller.

APFEL-BANANEN-SMOOTHIE

MÖHRENMÜSLI MIT KARDAMOM [VT]

Für 1 Portion:
1 Birne
1 Möhre
1 TL Zitronensaft
2 EL kernige Haferflocken
1 Becher fettarmer Naturjoghurt
   (150 g; 1,5 %)
Süßstoff
Kardamom (oder Zimt)

1. Birne waschen und Kerngehäuse herausschneiden, das Fruchtfleisch samt Schale würfeln und mit Zitronensaft mischen. Möhre waschen, schälen und raspeln.
2. Haferflocken mit Joghurt mischen, mit Süßstoff abschmecken.
3. Birnenstücke und Möhrenraspel mit dem Joghurt abwechselnd in ein Trinkglas schichten, dabei mit Kardamom würzen. Mit einem langen Löffel servieren.

Pro Portion: 9 g Eiweiß, 4 g Fett, 40 g Kohlenhydrate, 8 g Ballaststoffe = 240 Kalorien

CREMIGER QUARK MIT FRÜCHTEN [VT]

Für 1 Portion:
100 g tiefgekühlte Beerenmischung
200 g Magerquark
1 TL Inulin-Soja-Mix
   (siehe S. 217)
Süßstoff
1 TL ungeschälte Mandeln

1. Beerenmischung am Vorabend aus dem Kühlschrank nehmen. Am Morgen den Quark mit 4 EL Wasser und dem Inulin-Soja-Mix verrühren und mit einem kleinen Schneebesen cremig aufschlagen. Mit Süßstoff abschmecken.
2. Den süßen Quark in ein Schälchen geben, die Beeren daraufhäufen und mit gehackten Mandeln bestreuen.

Pro Portion: 30 g Eiweiß, 4 g Fett, 12 g Kohlenhydrate, 7 g Ballaststoffe = 223 Kalorien

LACHSBRÖTCHEN MIT MEERRETTICH-QUARK UND GURKE

Für 1 Portion:
1 Stück Salatgurke (ca. 50 g)
1 Vollkornbrötchen
1 EL Magerquark
1 TL geriebener Meerrettich
   oder Wasabi
Salz, Pfeffer
2 kleine Scheiben geräucherter
   Wildlachs (30 g)
Kresse oder Dill zum Garnieren

1. Salatgurke schälen und in Scheiben schneiden.
2. Brötchen aufschneiden. Beide Hälften erst mit Quark, dann mit Meerrettich oder Wasabi bestreichen. Salzen und pfeffern.
3. Die Brötchenhälften mit Gurkenscheiben und Räucherlachs belegen. Mit Kresse oder Dill anrichten.

Pro Portion: 15 g Eiweiß, 4 g Fett, 28 g Kohlenhydrate, 5 g Ballaststoffe = 220 Kalorien

CHAI LATTE VT

Für 3 Gläser à 200 ml:
1 großes Stück Ingwerwurzel
(ca. 60 g)
4 Kardamomkapseln
4 schwarze Pfefferkörner
1 Zimtstange
1 Prise Chiliflocken
4 TL Assam-Tee oder Ostfriesen-
mischung (oder Rooibos-Tee)
100 ml fettarme Milch
Süßstoff

1. Ingwerwurzel schälen und in Scheiben schneiden. Einen Topf mit etwa 600 ml Wasser und dem Ingwer aufsetzen. Wenn das Wasser heiß ist, aber noch nicht kocht, zerdrückte Kardamomkapseln, Pfefferkörner, zerbröckelte Zimtstange und Chiliflocken zufügen.
2. Sobald das Wasser kocht, den Tee zugeben und den Topf von der Kochstelle ziehen. Zugedeckt 5 Minuten ziehen lassen. Den Gewürztee durchsieben und in 3 Gläser verteilen. Jeweils einen Schuss Milch zufügen. Nach Geschmack süßen.

Pro Glas: 1 g Eiweiß, 0 g Fett, 2 g Kohlenhydrate, 0 g Ballaststoffe = 16 Kalorien

SPIEGELEIER MIT SPECK

Für 1 Portion:
½ TL Rapsöl
2 Eier
2 Scheiben Bacon (ca. 30 g)

1. Eine beschichtete Pfanne mit Öl ausstreichen und erhitzen. Die Eier aufschlagen und hineingleiten lassen. Bei mittlerer Hitze braten. Wer festes Eigelb bevorzugt, legt einen Deckel auf.
2. Den Bacon zwischen 2 Schichten Küchenpapier legen. In der Mikrowelle auf mittlerer Stufe ½ bis 1 Minuten braten, bis er leicht gebräunt und sehr knusprig ist.

Pro Portion: 17 g Eiweiß, 14 g Fett, 1 g Kohlenhydrate, 0 g Ballaststoffe = 208 Kalorien

Dazu ein Brötchen aus der Hand essen oder Eier und Speck mit einer Scheibe Vollkornbrot anrichten. Mit Brötchen sehen die Nährwerte so aus: 22 g Eiweiß, 15 g Fett, 27 g Kohlenhydrate, 4 g Ballaststoffe = 339 Kalorien

APFEL-BANANEN-SMOOTHIE VGN

Für 1 Portion:
1 Apfel
½ Banane
2 TL Zitronensaft

1. Apfel waschen, Kerngehäuse entfernen und das Fruchtfleisch mitsamt der Schale grob zerkleinern. Die halbe Banane schälen und in dicke Scheiben schneiden.
2. Beide Früchte mit Zitronensaft und 200 ml Wasser in den Mixer geben und fein zerkleinern.
3. Zum Mitnehmen den Smoothie mit ein, zwei Eiswürfeln in einen Thermobecher geben.

Pro Portion: 1 g Eiweiß, 0 g Fett, 35 g Kohlenhydrate, 5 g Ballaststoffe = 153 Kalorien

Mit Buttermilch: Beim Mixen anstelle von Wasser 200 ml Buttermilch verwenden. Macht 74 Kalorien mehr und liefert 7 g Protein zusätzlich.

Mit Molkepulver: Zusätzlich 2 EL Molkepulver in den Smoothie mixen. Ergibt 50 Kalorien mehr, schmeckt aber schön cremig und bringt 2 g mehr Eiweiß.

FRANZÖSISCH UND SCHLANK

Im Vergleich zu einem Croissant können Sie mit dem Quarkhörnchen etwa **ZWEI DRITTEL FETT EINSPAREN** und haben so 142 Kalorien weniger auf dem Konto.

Blitzmarmelade in allen Farben: Der frische Aufstrich gelingt statt mit Himbeeren auch mit Erdbeeren, Blaubeeren, Aprikosen und Pfirsichen. Praktisch: **TIEFKÜHLBEEREN** und Beerenmischungen sind ebenfalls geeignet.

PERFEKT!

Wer Fruchtzucker nicht gut verträgt, ersetzt Zucker durch Traubenzucker. So wird auch die natürliche, im Obst enthaltene Fruktose besser verwertet.

QUARKHÖRNCHEN VT

Für 8 Stück:
150 g Magerquark
1 gehäufter EL Zucker
Süßstoff
Salz
1 Ei
6 EL Rapsöl
250 g Mehl Type 405
2 EL Weizenkleie
2 TL Backpulver
2 EL Milch zum Bestreichen

1. Quark, Zucker, Süßstoff nach Geschmack, 1 Prise Salz, Ei und Öl in einer Schüssel glatt rühren. Mehl, Weizenkleie und Backpulver mischen, zum Quarkmix geben und kurz zu einem glatten Teig verkneten.
2. Den Backofen auf 200 °C vorheizen und das Backblech mit Backpapier belegen.
3. Den Teig auf der bemehlten Arbeitsfläche zu einem großen Kreis ausrollen. Wie bei einer Torte sternförmig in 8 Stücke schneiden. Jedes Stück von der langen Seite her zur Spitze locker aufrollen.
4. Die Rollen zu einem Hörnchen gebogen aufs Blech legen. Mit Milch bestreichen, in den Backofen schieben und in etwa 20 Minuten hellbraun backen.

Pro Portion: 6 g Eiweiß, 8 g Fett, 27 g Kohlenhydrate, 1 g Ballaststoffe = 215 Kalorien

FRISCHE HIMBEERMARMELADE VGN

Für 15 Portionen (etwa 300 g):
250 g Himbeeren
50 g Zucker
2 gestrichene TL Guarkernmehl
Süßstoff nach Geschmack

1. Die Himbeeren verlesen, angeschimmelte Exemplare sorgfältig aussortieren. Die Früchte mit Zucker und 2 EL Wasser in einen Mixbecher geben und pürieren.
2. Guarkernmehl zufügen und gut untermixen. Nach Geschmack mit Süßstoff nachsüßen. Falls die Marmelade zu dick gerät, mit 1 bis 2 EL Wasser flüssiger rühren. In saubere kleine Schraubgläser füllen und im Kühlschrank aufheben.

Pro Portion: 0 g Eiweiß, 0 g Fett, 4 g Kohlenhydrate, 1 g Ballaststoffe = 20 Kalorien

Hält gekühlt etwa 1 Woche. Immer mit einem sauberen Löffel entnehmen.

Wenn es nach den Wünschen von Euro-Bürokraten geht, müsste diese zuckerarme Marmelade „Fruchtaufstrich" heißen. Aber wir wissen ja, was gemeint ist: Konfitüre – eben nur frischer und leichter.

EMERGENCY-MÜSLI

Top- quelle für BALLAST- STOFFE

Das Blaubeer- müsli liefert 30 % des täglichen Bedarfs an Bal- laststoffen, 40 % des Bedarfs an Vitamin C und 30 % des Be- darfs an Magnesium und Zink: **BESSER GEHT'S NICHT.** Gesünder kann ein Früh- stück kaum sein.

Mögen Sie morgens ein Porridge als Magenschmeichler? Oder **LIEBER HERZ- HAFTES?** Dann Bulgur- müsli mit Tomate und Frischkäse.

Extra viel MINERAL- STOFFE

BLAUBEERMÜSLI ZUM MITNEHMEN VT

Für 1 Portion:
1 Becher fettarmer
   Naturjoghurt (150 g; 1,5 %)
1 EL Zitronensaft
Süßstoff
150 g Blaubeeren (oder 1 Apfel)
3 EL kernige Haferflocken
1 EL geschrotete Leinsamen
1 TL Ahorn- oder Agavensirup

1. Den Joghurt mit Zitronensaft verrühren, mit Süßstoff abschmecken und in ein Schraubglas füllen. Die Blaubeeren waschen und auf den Joghurt geben.
2. Haferflocken und Leinsamen auf die Beeren geben. Mit Ahornsirup beträufeln.

Pro Portion: 12 g Eiweiß, 9 g Fett, 35 g Kohlenhydrate, 12 g Ballaststoffe = 278 Kalorien

Zucker sparen gelingt am besten mit einem Kompromiss: ein bisschen Süßstoff für die Basissüße und etwas aromatischen Sirup oder Zucker für den Geschmack.

ENGLISCHES PORRIDGE VT

Für 1 Portion:
4 gehäufte EL feine Haferflocken
1 Prise Salz
100 ml fettarme Milch
½ EL Zucker (oder Süßstoff)
Zimt oder Vanille-Extrakt

1. Haferflocken mit Salz und etwa 300 ml Wasser in einen Topf geben. Bei milder Hitze aufkochen. Nach etwa 1 Minute Kochzeit den Topf von der Kochstelle ziehen und den Brei zugedeckt 5 Minuten quellen lassen.
2. Das Porridge auf einen tiefen Teller geben und mit Milch umgießen. Mit Zucker und Zimt bestreuen. Oder die Milch mit Zimt oder Vanille würzen und mit Süßstoff abschmecken.

Pro Portion: 8 g Eiweiß, 4 g Fett, 38 g Kohlenhydrate, 4 g Ballaststoffe = 230 Kalorien

Rohes am frühen Morgen geht gar nicht? Ein sanftes Porridge wärmt ordentlich durch. Wer frische Früchte nicht verträgt, isst Dosenobst dazu. Zum Beispiel 4 Aprikosenhälften = 50 Kalorien, 2 Scheiben Ananas = 65 Kalorien, 2 Birnenhälften = 55 Kalorien.

PIKANTES BULGUR-MÜSLI VT

Für 1 Portion:
50 g Bulgur
70 ml Gemüsesaft
30 g Paneer-Frischkäse
   (siehe S. 197) oder
   gekaufter fettarmer Frischkäse
1 Tomate
Salz, Pfeffer
Minze oder Petersilie

1. Am Vorabend Bulgur mit Gemüsesaft in einer Müslischale verrühren und über Nacht quellen lassen.
2. Am nächsten Morgen Frischkäse und Tomate würfeln, auf den Bulgur geben. Salzen und pfeffern. Mit Minze oder Petersilie anrichten.

Pro Portion: 10 g Eiweiß, 1 g Fett, 39 g Kohlenhydrate, 6 g Ballaststoffe = 215 Kalorien

Ein würziges Müsli mit Kräutern ist ideal für alle, die morgens nichts Süßes mögen.

EI, EI, EI

Das Mikrowellen-Rührei ist ideal für das **SCHNELLE BÜROFRÜH-STÜCK.** Schmeckt auch gut mit Schnittlauch. Dazu einfach Kirschtomaten und ein Vollkornbrötchen aus der Hand essen. Dann hält das Frühstück richtig lange vor.

Mit Gemüse leichter frühstücken: Das Gemüserührei mit Tofu hat fast **40 % WENIGER KALORIEN** als die „klassische" Variante und nicht einmal halb so viel Fett.

HÄLT LANGE SATT

Unser geniales Rezept für Rühreier, die nicht in Fett braten: Sie werden einfach **IM WASSERBETT** gegart. Dafür 2 bis 3 EL Wasser in einer Pfanne aufkochen. Die verschlagenen, leicht gesalzenen Eier hineingießen. Mit einer Gabel jeweils die gestockten Teile zusammenschieben, bis das Ei vollständig gar ist. Ergibt lockere saftige Rühreier, bei denen man das Fett nicht vermisst.

PROTEIN-RÜHREIER IM PITABROT bieten mehr Eiweiß, weniger Fett.

RÜHREIER MIT GEMÜSE UND TOFU VT

Für 2 Portionen:
½ Paprikaschote
1 Lauchzwiebel
1 Ei
2 Eiweiß
100 g Seidentofu
Salz, Pfeffer
1 TL Olivenöl

1. Paprikaschote und Lauchzwiebel putzen und fein schneiden. Ei, Eiweiße und Seidentofu in eine Schüssel geben und gut verrühren. Salzen und pfeffern.
2. Öl in einer beschichteten Pfanne erhitzen. Das Gemüse darin 3 Minuten braten. Den Ei-Tofu-Mix hineingeben und unter Rühren 2 bis 3 Minuten stocken lassen. Salzen, pfeffern und sofort servieren.

Pro Portion: 11 g Eiweiß, 6 g Fett, 2 g Kohlenhydrate, 1 g Ballaststoffe = 110 Kalorien

Entwarnung für alle, die zum Frühstück gern Eier essen und sich vor einem hohen Cholesterinspiegel fürchten. Der Körper nimmt vom Cholesterin der Eier nur wenig auf.

RÜHREI MIT SCHINKEN AUS DER MIKROWELLE

Für 1 Portion:
2 Eier, Cayennepfeffer
1 gehäufter EL magere
    Schinkenwürfel (ca. 20 g)

1. Eier und 2 EL Wasser in einem großen Kaffeebecher (Inhalt 250 bis 350 ml) oder einer mikrowellenfesten Porzellan- oder Glasschüssel verrühren. Schinkenwürfel zufügen, mit Cayennepfeffer würzen.
2. Das Gefäß in die Mikrowelle stellen. Nicht zudecken. Bei hoher Leistung etwa 40 Sekunden erhitzen, mit einer Gabel umrühren und dabei die gestockten Anteile etwas verteilen. Noch einmal 30 bis 45 Sekunden garen und wieder gut verrühren.
3. Aus der Mikrowelle nehmen, wenn noch ein kleiner Teil des Eis flüssig ist, umrühren und kurz stehen lassen, bis sich die Hitze verteilt hat und das Ei durchgehend gar ist.

Pro Portion: 17 g Eiweiß, 12 g Fett, 2 g Kohlenhydrate, 0 g Ballaststoffe = 188 Kalorien

PROTEIN-RÜHREIER IM PITABROT VT

Für 2 Portionen:
2 Eier
2 Eiweiß
Salz, Pfeffer
50 g fettarmer Feta (25 % i. Tr.)
1 EL abgezupfte Dillfähnchen
2 TL Olivenöl
1 Vollkorn-Pita
Dill zum Garnieren

1. Eier, Eiweiße und 2 EL Wasser in einer Schüssel verrühren. Sparsam salzen, pfeffern. Fein zerbröckelten Schafskäse und gehackten Dill untermischen.
2. Öl in einer beschichteten Pfanne erhitzen, aber nicht rauchheiß werden lassen. Die Eier hineingießen und unter Rühren etwa 2 Minuten stocken lassen.
3. Pita auf dem Toaster erwärmen, halbieren und jede Hälfte mit Rührei füllen. Mit Dill garnieren.

Pro Portion: 15 g Eiweiß, 12 g Fett, 16 g Kohlenhydrate, 1 g Ballaststoffe = 240 Kalorien

FRÜH-STÜCKE (OHNE STRESS)

Abends anrühren, morgens backen. Die Hefe hat **ÜBER NACHT** viel Zeit, ihre Arbeit zu tun. Deshalb geraten die Brötchen sehr knusprig und schmecken besonders aromatisch.

SUPER ZUM EIN-FRIEREN

Die Brötchen gelingen auch Einsteigern, die nie vorher mit Hefe gebacken haben. **EINFACH ALLE ZUTATEN VERRÜHREN,** ohne Wartezeiten ab in den Kühlschrank und morgens in den Ofen. Arbeitsaufwand etwa 10 Minuten.

FRÜHSTÜCKSBRÖTCHEN ^{VGN}

Für 12 Stück:

½ Würfel Hefe
2 EL Zitronensaft (oder Essig)
450 g Mehl
50 g fettarmes Sojamehl
1 gehäufter TL Salz
Fett fürs Muffinblech
Vollkorngrieß zum Bestäuben

1. 400 ml kaltes Wasser mit Hefe und Zitronensaft verrühren. Beide Mehle mit Salz in einer Schüssel mischen. Die Hefeflüssigkeit zufügen. Mit den Knethaken des Handrührers verkneten, bis der Teig sich vom Schüsselboden löst und eine Kugel formt.
2. Ein Muffinblech fetten und den Teig in die Vertiefungen verteilen. Das geht am besten mit zwei Esslöffeln, weil der Teig zäh und weich ist. Die Oberfläche großzügig mit Grieß bestäuben.
3. Ein Stück Backpapier oder geölte Klarsichtfolie obenauf legen. Das Blech in eine große Plastiktüte (Einkaufstüte) hüllen und in den Kühlschrank oder in der kühlen Jahreszeit nach draußen stellen.
4. Am nächsten Morgen aus dem Kühlschrank direkt in den Backofen stellen. Küchenwecker auf 30 Minuten stellen. Den Ofen auf 220 Grad (Ober- und Unterhitze) anheizen. Sobald die rote Lampe erlischt, auf 200 Grad herunterschalten.

5. Die Brötchen insgesamt 30 Minuten backen, aus dem Blech lösen und auf einem Rost abdampfen lassen.

Pro Stück: 6 g Eiweiß, 2 g Fett, 28 g Kohlenhydrate, 2 g Ballaststoffe = 160 Kalorien

Variante Helles Kastenbrot: Den Teig wie in Schritt 1 beschrieben anrühren und in eine geölte Kastenform (30 cm Länge) füllen. Mit Grieß, Sesam oder geschroteter Leinsaat bestreuen und kalt stellen. Am nächsten Tag in den kalten Backofen schieben, auf 220 Grad schalten. Wenn die Temperatur erreicht ist, auf 200 Grad zurückschalten. Insgesamt 40 bis 45 Minuten backen. Den Brotlaib aus der Form lösen und im abgeschalteten Backofen 10 Minuten ruhen lassen.

Variante Einback: Den Teig über Nacht in einer Schüssel im Kühlschrank gehen lassen. Am nächsten Morgen auf der bemehlten Arbeitsfläche zu einem Rechteck flach drücken, eine Rolle formen und in 12 Stücke schneiden. Die Stücke im Abstand von 3 cm nebeneinander in einer Reihe auf ein mit Backpapier belegtes Blech setzen und wie in Schritt 4 backen. Die Brötchen backen dann zwar zusammen, lassen sich aber leicht ablösen.

Das enthaltene Sojamehl bremst den Blutzuckeranstieg und sorgt dafür, dass man sich nach dem Essen länger satt fühlt als nach anderen hellen Brötchen.

SATT UND KRÄFTIG

EXTRA WENIG
Fett, weil Krautbrötchen auch ohne Aufstrich schmecken: nur 1 Gramm pro Brötchen.

Die herzhaften Krautbrötchen benötigen keinen Belag! Einfach **HEISS AUS DEM OFEN** in einen Stoffbeutel (kein Plastik) geben und zur Arbeit oder zur Schule mitnehmen.

Unsere Roggenbrötchen sind **BILLIGER** und besser als gekaufte.

ROGGENBRÖTCHEN ^{VGN}

Für 12 Stück:
½ Würfel Hefe
3 EL heller Essig
350 g Weizenmehl Type 550
150 g Roggenmehl Type 1150
1 TL gemahlener Kümmel
    (oder 2 – 3 Aufgussbeutel
    Kümmel-Fenchel-Anis-Tee)
1 gehäufter TL Salz
Mehl zum Bestäuben

1. Hefe und Essig mit 400 ml kaltem Wasser verrühren. Beide Mehle mit Kümmel und Salz mischen. Hefeflüssigkeit zufügen. Verkneten, bis der Teig sich vom Schüsselboden löst.
2. Mit Folie bedeckt über Nacht in den Kühlschrank stellen. Am nächsten Morgen mit zwei Esslöffeln 12 gleich große Teigportionen auf ein mit Backpapier bedecktes Blech setzen. Mit Mehl bestäuben und in den kalten Backofen schieben.
3. Den Ofen auf 220 Grad anheizen. Sobald die rote Lampe erlischt, auf 200 Grad herunterschalten. Die Brötchen insgesamt ca. 30 bis 35 Minuten backen, vom Blech lösen und auf einem Rost abdampfen lassen.

Pro Stück: 4 g Eiweiß, 0 g Fett, 30 g Kohlenhydrate, 2 g Ballaststoffe = 147 Kalorien

KRAUTBRÖTCHEN MIT SCHINKEN

Für 14 Stück:
½ Würfel Hefe
125 g frisches Sauerkraut
    (Wochenmarkt, Reformhaus; keine Dosenware)
400 g Weizenmehl Type 550
150 g Roggenmehl Type 1150
100 g magere Schinkenwürfel (3 % Fett)
½ TL Salz, Pfeffer

1. 400 ml kaltes Wasser mit Hefe verrühren. Sauerkraut mit den Händen gut ausdrücken und mit einer Küchenschere klein schneiden.
2. Beide Mehle mit Salz und Pfeffer in einer Schüssel mischen. Den Hefemix, das Sauerkraut und die Schinkenwürfel zufügen. Alles verkneten, bis der weiche Teig sich vom Schüsselrand löst. Mit einer geölten Klarsichtfolie bedeckt über Nacht in den Kühlschrank stellen.
3. Am nächsten Morgen mit zwei Esslöffeln 14 gleich große Teigportionen im Abstand von etwa 5 cm kreisförmig auf ein mit Backpapier bedecktes Backblech setzen.
4. In den kalten Backofen schieben. Den Ofen auf 220 Grad anheizen. Sobald die rote Lampe erlischt, auf 200 Grad herunterschalten. Die Brötchen insgesamt ca. 35 Minuten backen.

Pro Stück: 5 g Eiweiß, 1 g Fett, 28 g Kohlenhydrate, 2 g Ballaststoffe = 145 Kalorien

FRÜHSTÜCK TO GO

Extra viele
VITAMINE

APFEL-MÖHREN-MIX

Extra viele
BALLAST-STOFFE

Schluck für Schluck ein ausgewogenes Frühstück für Eilige: der Joghurtdrink mit Mango. Wie alle unsere Frühstücksdrinks enthält er **VIEL WENIGER ZUCKER** als Milchmixgetränke aus dem Handel. Die liefern auch keine Ballaststoffe und machen schnell wieder hungrig.

Drinks mit Milch, wie hier das fruchtige Trinkmüsli, schmecken unterwegs am besten, wenn sie **GUT GEKÜHLT** sind. Für den Transport in einen Thermobecher füllen und eventuell Eiswürfel zugeben.

APFEL-MÖHREN-MIX VT

Für 1 Drink:
100 ml Apfelsaft
100 ml Möhrensaft
100 g fettarmer Naturjoghurt
    (1,5 %)
1 EL Haferkleie
2 EL Zitronensaft
evtl. Süßstoff

1. Apfel- und Möhrensaft mit Joghurt und Haferkleie verquirlen.
2. Den Drink mit Zitronensaft und evtl. Süßstoff abschmecken. In eine gut schließende Flasche füllen.

Pro Drink: 5 g Eiweiß, 2 g Fett, 28 g Kohlenhydrate, 1 g Ballaststoffe = 169 Kalorien

Besonders gesund: Anstelle von gekauftem Apfelsaft einen entkernten gewürfelten Apfel mit Möhrensaft pürieren und mit den restlichen Zutaten aufmixen.

FRUCHTIGES TRINKMÜSLI MIT LEINSAMEN VT

Für 1 Drink:
150 g Erdbeeren (ersatzweise
    3 Aprikosen oder 1 Birne)
150 ml Buttermilch
1 EL geschrotete Leinsamen
2 EL Haferflocken
evtl. Süßstoff

1. Die Früchte waschen und putzen. Zusammen mit der Buttermilch im Mixer oder mit dem Stabmixer pürieren.
2. Leinsamen und Haferflocken unterrühren, noch einmal aufmixen und evtl. mit Süßstoff abschmecken.

Pro Drink: 10 g Eiweiß, 5 g Fett, 22 g Kohlenhydrate, 5 g Ballaststoffe = 189 Kalorien

Dieses Fruchtmüsli ist gut zum Mitnehmen. Vor dem Trinken gut schütteln. Wer es flüssiger mag, mixt noch etwas Wasser unter.

JOGHURTDRINK MIT MANGO UND APFEL VT

Für 1 Drink:
½ Mango
100 ml Apfelsaft
100 g fettarmer Naturjoghurt
    (1,5 %)
1 EL Haferkleieflocken
1–2 EL Zitronensaft
evtl. Süßstoff

1. Die Mango schälen und würfeln.
2. Mangowürfel, Apfelsaft, Joghurt und Haferkleie pürieren. Falls nötig beim Mixen etwas Wasser zugeben.

Den Drink mit Zitronensaft und evtl. Süßstoff abschmecken.

Pro Drink: 6 g Eiweiß, 3 g Fett, 41 g Kohlenhydrate, 3 g Ballaststoffe = 227 Kalorien

Haferkleieflocken bestehen aus den Randschichten und dem Keim des Haferkorns. Sie liefern sättigende Ballaststoffe, Vitamine und pflanzliches Eiweiß.

Mittag und Lunchbox

Wenn wir mal einen Tipp geben dürften: Streichen Sie die tägliche Diskussion mit sich selbst, ob Sie etwas kochen sollten oder nicht. Tun Sie es einfach. Entspanntes Hantieren in der Küche ist ein echter Gewinn für die Belohnungssysteme im Gehirn. Und wenn das, was später auf dem Tisch steht, super schmeckt, kann Abnehmen doppelt glücklich machen.

SCHWEIN HABEN

VON WEGEN fettes Schwein: Filet ist zart, schnell gar und mit einem Fettgehalt von nur 2 Prozent extrem mager. Es ist außerdem sehr vielseitig und schmeckt wie hier aus dem Wok, oder wie auf dem weißen Teller als mediterranes Gericht.

Top-quelle für PROTEIN

Top-quelle für VITAMIN B$_{12}$

Nicht nur Biofleisch, auch regionales Markenfleisch hat Vorteile. Die Tiere werden **IN DER REGION** geboren, gefüttert und geschlachtet. Das erspart den Tieren lange Transportwege und verhindert, dass das Fleisch vor dem Verkauf lange lagert.

SCHWEINEFILET AUS DEM WOK

Für 4 Portionen:

500 g Rosenkohl
400 g Schweinefilet
1 Stück frische Ingwerwurzel (15 g)
2 Lauchzwiebeln
2 EL Rapsöl
200 ml Rinder- oder Knochenbrühe (siehe S. 205)
1 Prise Zucker
3 EL Sojasauce
1 Prise Cayennepfeffer

1. Rosenkohl putzen und die Köpfchen halbieren oder vierteln. Das Filet in feine Scheiben von maximal 5 mm Breite schneiden. Die Ingwerwurzel schälen und würfeln. Die Lauchzwiebeln putzen und fein schneiden.

2. Das Öl im Wok stark erhitzen. Ingwer und Zwiebeln darin kurz anbraten. Zur Seite schieben, das Fleisch zufügen und unter ständigem Rühren bräunen. Den Rosenkohl zugeben und 2 Minuten mitbraten.

3. Brühe, Zucker, Sojasauce und Cayennepfeffer hinzufügen. Die Hitze reduzieren und schmoren, bis der Kohl weich und die Flüssigkeit weitgehend verdampft ist.

Pro Portion: 27 g Eiweiß, 7 g Fett, 5 g Kohlenhydrate, 5 g Ballaststoffe = 204 Kalorien

SCHWEINEMEDAILLONS AUF MEDITERRANEM GEMÜSE

Für 3 Portionen:

300 g Schweinefilet
1 Zwiebel
1 rote Paprikaschote
1 kleine Aubergine
1 Zucchini
200 g kleine Tomaten
1 Knoblauchzehe
1 TL frische Rosmarinnadeln
2 EL Olivenöl
Salz, Pfeffer

1. Den Backofen auf 200 Grad vorheizen. Das Fleisch in etwa 3 cm dicke Scheiben (Medaillons) schneiden. Zwiebel, Paprikaschote, Aubergine und Zucchini putzen und in etwa gleich große mundgerechte Stücke schneiden. Tomaten halbieren. Knoblauchzehe schälen. Rosmarin mit dem Knoblauch im Blitzhacker fein zerkleinern oder mit dem Messer hacken.

2. Das Gemüse mit 1 EL Öl und dem Knoblauch-Rosmarin-Mix in eine Schüssel geben. Salzen, pfeffern, gut durchmischen und auf ein mit Backpapier belegtes Backblech geben. Im Backofen auf der mittleren Schiene 15 Minuten bei 200 Grad garen.

3. Das restliche Öl in einer Pfanne erhitzen. Die Schweinemedaillons darin scharf anbraten, salzen und pfeffern. Zum Gemüse aufs Blech legen und weitere 10 Minuten im Ofen garen.

Pro Portion: 25 g Eiweiß, 9 g Fett, 7 g Kohlenhydrate, 4 g Ballaststoffe = 217 Kalorien

SOMMERGEMÜSE ZUM SATTESSEN

Soll man breite, runde oder wie hier für unser Foto vom Bohnengemüse mit Schafskäse Prinzessbohnen nehmen? Reine Geschmacksache! Aber: **JUNG UND SAFTIG** sollten sie sein. Qualitäts-Check: Frische Schoten sind prall und brechen leicht. Lassen sie sich biegen, sind sie nicht mehr frisch.

BLUMENKOHL MIT WALNUSS-TOPPING

BESSER NICHT!

Bohnen nicht zu knapp garen. Die enthaltenen unbekömmlichen Lektine verschwinden erst nach mindestens 10 Minuten Garzeit.

BOHNENGEMÜSE MIT SCHAFSKÄSE VT

Für 4 Portionen:
600 g grüne Bohnen
500 g Fleischtomaten
1 Zwiebel
2 EL Öl
1 Stiel Bohnenkraut
Salz, Pfeffer
200 ml Gemüsebrühe (siehe S. 203)
50 g magerer Schafskäse (25 % Fett)

1. Bohnen waschen, putzen und schräg in 3 cm breite Stücke schneiden. Tomaten waschen und würfeln. Zwiebel schälen und würfeln.
2. In einem Topf Öl erhitzen. Zwiebelwürfel darin glasig dünsten.
3. Bohnen, Tomatenwürfel und abgezupftes Bohnenkraut zufügen, mit Salz, Pfeffer würzen und die Brühe zugeben.
4. Im geschlossenen Topf 10 bis 15 Minuten bei milder Hitze schmoren. Schafskäse darüberbröckeln, kurz miterhitzen.

Pro Portion: 5 g Eiweiß, 7 g Fett, 11 g Kohlenhydrate, 4 g Ballaststoffe = 136 Kalorien

BLUMENKOHL MIT WALNUSS-TOPPING VGN

Für 3 Portionen:
1 Blumenkohl (ca. 1 kg)
Salz
2 EL Zitronensaft
1 EL Walnussöl
20 g Walnusskerne
3 EL Semmelbrösel (siehe S. 217)
Pfeffer
2 EL Petersilien- oder Liebstöckelblättchen

1. Stielansatz und Blätter vom Blumenkohl entfernen. Den Kohl in etwa gleich große Röschen teilen. In einem großen Topf Salzwasser mit Zitronensaft zum Kochen bringen. Die Röschen darin in 12 bis 15 Minuten bissfest kochen. Abgießen.
2. Das Walnussöl in einer Pfanne erhitzen. Nüsse hacken, dazugeben und mitrösten. Semmelbrösel zufügen und unter Rühren hellbraun anrösten. Mit Salz und Pfeffer würzen. Vom Herd nehmen und die fein gehackten Kräuterblättchen untermischen.
3. Blumenkohl auf einer Platte anrichten und das Walnuss-Topping darübergeben.

Pro Portion: 7 g Eiweiß, 8 g Fett, 13 g Kohlenhydrate, 7 g Ballaststoffe = 163 Kalorien

Dazu passt Kartoffelbrei.

Variante: Den Blumenkohl im Ganzen in 2 cm dicke Scheiben schneiden und auf ein mit Backpapier belegtes Blech legen. Mit Walnussöl bestreichen, mit Semmelbröseln und gehackten Walnusskernen bestreuen. Bei 200 Grad etwa 15 bis 20 Minuten backen.

ABNEHMEN NACH DER SAISON

Steckrüben sind ein klassisches Gericht **IM HERBST.** Hier mit außergewöhnlichem Topping: Chinesen nutzen die herbsüßen Gojibeeren seit über 2000 Jahren als Lebens- und Heilmittel. Sie liefern elf Mineralstoffe, reichlich Ballast und sieben Vitamine.

GUT ZUM EINFRIEREN

Zuckerschoten europäischer Herkunft sind 2 bis 3 Monate **IM FRÜHLING** und Frühsommer auf dem Markt.

STECKRÜBENGEMÜSE VGN

Für 4 Portionen:
1 kg Steckrübe
1 Zwiebel
1 Apfel
2 EL Rapsöl
2 TL Currypulver oder -paste
150 ml Gemüsebrühe (siehe S. 203)
Salz, Cayennepfeffer
1 EL getrocknete Gojibeeren
   (Naturkostladen) oder Cranberrys

1. Die Steckrübe erst in etwa 2 cm dicke Scheiben schneiden, dann schälen und in Würfel schneiden. Zwiebel und Apfel ebenfalls schälen und würfeln.
2. Das Öl in einem Topf erhitzen. Steckrüben-, Apfel- und Zwiebelwürfel darin andünsten. Curry dazugeben und ganz kurz mitdünsten. Die Brühe zugießen und die Steckrüben zugedeckt bei mittlerer Hitze 30 bis 35 Minuten garen.
3. Das Gemüse mit Salz und Cayennepfeffer abschmecken und mit Gojibeeren oder Cranberrys bestreut servieren.

Pro Portion: 3 g Eiweiß, 5 g Fett, 22 g Kohlenhydrate, 7 g Ballaststoffe = 152 Kalorien

Im Herbst bei Steckrüben öfter mal zugreifen. Eine andere Asia-Note erhält das Gemüse, wenn es anstelle von Curry mit viel frischem Ingwer, Zitronengras und Chili gewürzt wird.

ZUCKERSCHOTENGEMÜSE MIT BOHNENKRAUT VGN

Für 4 Portionen:
750 g Zuckerschoten
   (Zuckererbsen, Kaiserschoten, Kefen)
3 Schalotten
1 EL Rapsöl
1–2 TL Bohnenkrautblättchen
Salz, Pfeffer

1. Stiel- und Blütenansätze der Zuckerschoten abschneiden. Schalotten schälen und in dünne Scheiben schneiden.
2. Das Rapsöl in einem Topf erhitzen. Schalotten zufügen und etwa 3 Minuten glasig dünsten.
3. Zuckerschoten und Bohnenkraut zufügen. Salzen und alles unter Rühren weitere 4 Minuten garen, bis die Schoten gar sind, aber noch Biss haben.

Pro Portion: 3 g Eiweiß, 2 g Fett, 8 g Kohlenhydrate, 4 g Ballaststoffe = 72 Kalorien

Zuckerschoten: Sind die Erbsen innen noch winzig, ist die Schote so zart, dass man sie mitessen kann. Franzosen nennen das Gemüse deshalb „Mangetout", also „Iss sie ganz".

MEDITERRAN

VIEL GEMÜSE, DAZU KRÄUTER und ein wenig Olivenöl – das garantiert gesunden Genuss ohne viel Fettkalorien und schmeichelt der Figur.

Basilikum macht schnell schlapp. Einmal gepflückt, welken die Blätter binnen Kurzem. Also lieber **IM TOPF** kaufen, auf die Fensterbank stellen und immer frisch ernten.

Lecker statt fett: Das weiße Muskelfleisch der Tintenfische (Calamaris) in unserer toskanischen Variante hat im Vergleich zu frittierten Ringen extrem **WENIG KALORIEN,** dafür umso mehr Eiweiß. Das wenige Fett (unter 1 %) besteht zu fast einem Drittel aus den im Essalltag oft sehr knappen Omega-3-Fettsäuren.

Ein klassischer Risotto enthält rund die Hälfte mehr Kalorien und mehr als doppelt so viel Fett als unser grünes. Durch den großen Gemüseanteil liefert die **LEICHTVARIANTE** fünfmal so viele Ballaststoffe.

Zucchini und **JOGHURT** statt Sahne erleichtern bei dieser Carbonara das sonst üppige Kalorienkonto: 20 Gramm Fett einsparen und 200 Kalorien weniger auf dem Teller.

Das geschichtete Gemüse wird gewissermaßen im eigenen Saft **MARINIERT.** Gekühlt hält es sich mehrere Tage. Schmeckt auch in der Mikrowelle aufgewärmt mit geriebenem Parmesan darauf.

Gut vorzubereiten, fein für Gäste, aber auch **PRAKTISCH** für die Lunchbox.

Im Vergleich zum Klassiker enthält diese leichte Pasta al pesto nur **ETWA DIE HÄLFTE** der Kalorien und weniger als ein Viertel der Fettmenge.

Einfach **SELBER MACHEN!** Jedes dritte gekaufte Basilikum-Pesto bekam 2013 im Test die Note „mangelhaft". Die Stiftung Warentest untersuchte dafür 30 Pastasoßen mit Basilikum, darunter 6 Pesto Genovese und 24 Basilikumzubereitungen.

GRÜNER RISOTTO VT

Für 2 Portionen:
1 kleine Zucchini (etwa 125 g)
3 Lauchzwiebeln
1 kleine Zwiebel
1 EL Olivenöl
125 g Risottoreis (oder Milchreis)
50 ml trockener Weißwein
400–500 ml Brühe (siehe S. 203)
75 g tiefgekühlte Erbsen
1 EL saure Sahne
2 EL geriebener Parmesan
Salz, Pfeffer
Schnittknoblauch oder Bärlauch zum Bestreuen

1. Zucchini raspeln. Lauchzwiebeln in dünne Ringe schneiden.
2. Gehackte Zwiebel in heißem Öl glasig dünsten. Reis kurz mit andünsten. Wein zugießen und verdampfen lassen. So viel Brühe zufügen, dass der Reis eben bedeckt ist. Offen bei milder Hitze kochen lassen, ab und zu umrühren. Nach und nach die übrige Brühe zugießen und dabei öfter umrühren.
3. Nach knapp 20 Minuten Zucchini und Erbsen unterrühren, 5 Minuten weitergaren, eventuell mehr Brühe zugeben.
4. Lauchzwiebeln, saure Sahne und Käse unterrühren, erhitzen, salzen und pfeffern. Gehackte Kräuter darüberstreuen und sofort servieren.

Pro Portion: 11 g Eiweiß, 10 g Fett, 59 g Kohlenhydrate, 5 g Ballaststoffe = 392 Kalorien

GESCHICHTETES GEMÜSE VGN

Für 6 Portionen:
je 500 g Zucchini, Auberginen, rote Paprika
50 ml Olivenöl
Salz, Pfeffer
2–3 Knoblauchzehen
2 EL Basilikumblätter

1. Backofen auf 200 °C Umluft vorheizen. Zucchini und Auberginen in etwa 2 cm dicke Scheiben schneiden, Paprika entkernen, vierteln oder achteln.
2. Gemüse auf zwei mit Backpapier ausgelegten Blechen verteilen. Mit Öl dünn bepinseln, kräftig salzen und pfeffern. Beide Bleche gleichzeitig etwa 20 Minuten backen, das Gemüse soll leicht gebräunt sein. Inzwischen Knoblauchzehen schälen und in dünne Scheiben schneiden.
3. Gemüse noch warm lagenweise in eine Form schichten, die Auberginen zuerst. Knoblauchscheiben auf jede Lage geben, noch einmal salzen und pfeffern. Mit Frischhaltefolie bedecken, Brettchen oder Teller darüberlegen und beschweren (große Konservendose). Mindestens einen Tag gekühlt durchziehen lassen. Mit Basilikum darüber servieren.

Pro Portion: 3 g Eiweiß, 9 g Fett, 5 g Kohlenhydrate, 3 g Ballaststoffe = 116 Kalorien

Das Gemüse wird gewissermaßen im eigenen Saft mariniert. Gekühlt hält es sich mehrere Tage. Schmeckt auch in der Mikrowelle aufgewärmt mit geriebenem Parmesan darauf.

TINTENFISCH TOSKANISCH

Für 4 Portionen:

500 g tiefgekühlte Tintenfischtuben
   (ohne Panade, küchenfertig)
200 g tiefgekühlte Erbsen
2 EL Olivenöl
2 Knoblauchzehen
100 ml trockener Weißwein
1 Dose Tomatenstücke
   (400 g Füllmenge)
3 EL gehackte Petersilie
Chiliflocken, Salz

1. Tintenfisch antauen lassen und in Ringe schneiden. Erbsen auftauen.

2. Öl erhitzen. Tintenfischringe darin etwa 2 Minuten unter häufigem Wenden anbraten. Herausnehmen und beiseitestellen. Gehackten Knoblauch im Bratfett anbraten, mit Wein ablöschen.

3. Tomaten, Erbsen, 2 EL Petersilie und Chiliflocken dazugeben. 5 Minuten offen schmoren, mit Salz abschmecken. Tintenfische zugeben, sehr kurz erhitzen und sofort mit der restlichen Petersilie bestreut servieren.

Pro Portion: 24 g Eiweiß, 6 g Fett, 11 g Kohlenhydrate, 4 g Ballaststoffe = 213 Kalorien

PASTA AL PESTO ᵛᵀ

Für 4 Portionen:

20 g Pinienkerne
1 großes Bund Basilikum (100 g)
1 Knoblauchzehe
300 g Rigatoni
   (oder Penne, Farfalle)
½ gestrichener TL Salz
2 EL geriebener Parmesan
   oder Grana Padano
1 EL hochwertiges Olivenöl
Pfeffer

1. Pinienkerne in einer trockenen Pfanne leicht anrösten. Die Basilikumblätter von den Stielen zupfen und waschen. Knoblauch schälen.

2. Pasta kochen. Tropfnasse Basilikumblätter mit Knoblauch, Salz und Pinienkernen im Blitzhacker fein pürieren. Käse und Öl zugeben. Die Sauce mit Salz und Pfeffer abschmecken.

Pro Portion: 12 g Eiweiß, 7 g Fett, 54 g Kohlenhydrate, 5 g Ballaststoffe = 335 Kalorien

Die Basilikumsauce hält sich 2 Tage im Kühlschrank. Vor dem Vermischen mit der frisch gekochten Pasta mit etwas Kochwasser verdünnen.

PASTA CARBONARA

Für 4 Portionen:

300 g Spaghetti
75 g magere Schinkenwürfel
250 g Zucchini
40 g geriebener Parmesan
150 g griechischer Joghurt (10 %)
6 EL glatte Petersilie
Pfeffer

1. Spaghetti kochen. Schinken bei niedriger Hitze fettfrei kross anrösten. Zucchini grob raspeln. Vom Parmesan 4 EL zurückbehalten, restlichen Parmesan mit Joghurt mischen. Petersilie waschen, hacken.

2. Spaghetti abgießen, etwas Kochwasser zurückbehalten. Im heißen Topf mit den geriebenen Zucchini mischen und dabei leicht erhitzen. Parmesan-Joghurt und Kräuter untermischen, mit 2 bis 3 EL Kochwasser flüssiger rühren. Abschmecken, über jede Portion etwas Pfeffer, 1 EL Parmesan und Schinken geben.

Pro Portion: 18 g Eiweiß, 8 g Fett, 55 g Kohlenhydrate, 5 g Ballaststoffe = 380 Kalorien

SÜPPCHEN KOCHEN

Im Vergleich zur üblichen **LINSEN-SUPPE** mit Speck und Wiener Würstchen spart man 28 g Fett und 225 Kalorien.

Im Vergleich zur klassischen Erbsensuppe mit Speck sparen Sie mit der **KICHERERBSENSUPPE** 14 g Fett und 200 Kalorien pro Portion! Wer auch noch Geld sparen will, kocht die Kichererbsen selbst. Preis: ein Drittel; Aufwand: deutlich größer.

Eine Kombination, die man vor allem in Indien liebt: Linsen, Ingwer, Kurkuma und Kreuzkümmel. Die **GEWÜRZE** geben der Suppe eine raffinierte Note und machen sie angenehm leicht verdaulich.

LINSENSUPPE MIT HÜTTENKÄSE VT

2 Zwiebeln
1 Knoblauchzehe
1 walnussgroßes Stück Ingwerwurzel
1 Bund glatte Petersilie
1 kleines Bund Suppengrün (300 g)
2 EL Olivenöl
½–1 TL Kreuzkümmel
1 TL Kurkuma
1 große Dose Linsen
   (Abtropfgewicht ca. 530 g)
½ l Gemüsebrühe (siehe S. 203)
Salz, Pfeffer
200 g Hüttenkäse

1. Zwiebeln, Knoblauch und Ingwer schälen und fein würfeln oder im Blitzhacker zerkleinern. Petersilie grob hacken. Suppengrün waschen, putzen und klein würfeln.
2. Das Öl in einem Topf erhitzen und das vorbereitete Gemüse darin zugedeckt 10 Minuten bei kleiner Hitze dünsten. Kreuzkümmel und Kurkuma darüberstreuen und kurz mit anschmoren.
3. Linsen auf einem Sieb abtropfen lassen. Mit der Gemüsebrühe zum Gemüse geben. Die Suppe etwa 10 Minuten bei kleiner Hitze kochen. Mit wenig Salz und reichlich Pfeffer abschmecken. Beim Auffüllen auf jede Suppenportion einen Löffel Hüttenkäse geben.

Pro Portion: 21 g Eiweiß, 7 g Fett, 34 g Kohlenhydrate, 9 g Ballaststoffe = 292 Kalorien

KICHERERBSENSUPPE MIT ROSMARINAPFEL VGN

2 rotschalige feste Äpfel à 250 g
1 EL Olivenöl
1 EL frischer gehackter Rosmarin
   (oder 1 TL getrockneter)
Salz
1 Dose Kichererbsen (ca. 450 g Einwaage)
250 ml Gemüsebrühe (siehe S. 203)
2 gehackte Knoblauchzehen
1 Löffelspitze Kreuzkümmel

1. Äpfel entkernen. ½ Apfel ungeschält in Stifte schneiden und in heißem Öl anbraten. Rosmarin und 1–2 EL Wasser zugeben. Mit Deckel 2 Minuten dünsten, leicht salzen.
2. Restliche Äpfel schälen und würfeln. 3 EL Kichererbsen beiseitestellen. Den Rest mit der Dosenflüssigkeit und den Apfelwürfeln in einen Topf geben. Zugedeckt knapp 10 Minuten garen und pürieren. Dabei die Brühe zufügen, falls nötig auch etwas Wasser.
3. Mit Knoblauch, Kreuzkümmel und Salz würzen. Die restlichen Kichererbsen in der Suppe erwärmen. Auf jede Portion 1 EL Apfelstifte geben.

Pro Portion: 5 g Eiweiß, 4 g Fett, 28 g Kohlenhydrate, 5 g Ballaststoffe = 174 Kalorien

BUNT IST GESUND

MEDITERRANE PAPRIKASUPPE

Tolle Hungerstopper: Für 4 Portionen etwa 500 g Kohlrabi, Sellerie, **PASTINAKEN** oder Rüben in 250 bis 500 Milliliter Wasser oder Brühe garen, pürieren und nach Lust und Laune würzen.

MELONEN-KALTSCHALE

Diese fixen Suppen sättigen und bleiben trotzdem **UNTER 100 KALORIEN** pro Portion. Gemüse pürieren ist der simple Trick.

ZUCCHINISUPPE WEISS-GRÜN

Dekorativ sind **ZWEIFARBIGE** Suppen. Dafür rote und gelbe Paprika separat zubereiten und in den Teller geben. Für grün-weiße Petersilienwurzel- oder Pastinakensuppe einen Teil der hellen Suppe mit reichlich glatter Petersilie pürieren.

MEDITERRANE PAPRIKASUPPE VT

Für 4 Portionen:
4 rote Paprikaschoten (etwa 800 g)
400 ml Brühe (siehe S. 203)
1–2 Knoblauchzehen
1 EL Öl
2 TL getrocknete
    provenzalische Kräuter
Salz, Pfeffer
4 EL Sauerrahm (S. 197; oder
    80 g Frischkäse, 13 %)

1. Paprikaschoten waschen, vierteln, entkernen und in Stücke schneiden. Brühe, Öl, Kräuter hinzufügen, den Knoblauch hineinpressen. Alles etwa 10 Minuten bei milder Hitze mit geschlossenem Deckel kochen lassen.
2. Die Suppe pürieren, eventuell noch Brühe oder Wasser dazugeben, mit Salz und Pfeffer abschmecken. Mit je einem Klecks Sauerrahm servieren.

Pro Portion: 3 g Eiweiß, 6 g Fett, 6 g Kohlenhydrate, 4 g Ballaststoffe = 96 Kalorien

Variante: Für eine Asia-Suppe Paprikaschoten und Kräuter durch Möhren und einen Apfel ersetzen. Mit Ingwer, Curry und Zimt würzen.

ZUCCHINISUPPE WEISS-GRÜN VGN

Für 4 Portionen:
600 g Zucchini
1–2 EL Minze
    (oder glatte Petersilie)
1 mittelgroße Zwiebel
1 EL Olivenöl
2 Knoblauchzehen
Salz, Pfeffer

1. Zucchini waschen und schälen, die Schalen beiseitelegen, Fruchtfleisch grob zerkleinern. Kräuter in Streifen schneiden.
2. Zwiebel würfeln, in Öl glasig dünsten, Knoblauch in Scheiben und Zucchinistücke dazugeben. Mit 500 ml Wasser 10 Minuten garen, pürieren. Ein Viertel davon mit den grünen Schalen pürieren, aufkochen, mit Wasser flüssiger rühren. Salzen und pfeffern.
3. Zum Servieren erst die helle Creme in Schalen oder Teller füllen, dann die grüne. Mit einer Gabel Muster ziehen, Kräuter darüberstreuen.

Pro Portion: 2 g Eiweiß, 3 g Fett, 4 g Kohlenhydrate, 2 g Ballaststoffe = 56 Kalorien

MELONENKALTSCHALE VGN

Für 2 Portionen:
1 Honig- oder Galiamelone
    (etwa 750 g)
¼ Salatgurke
½ Zitrone
2 EL gehacktes Basilikum
Salz, Pfeffer
Eiswürfel
4 EL Mineralwasser mit
    Kohlensäure
Basilikum als Garnitur

1. Melone und Gurke durchschneiden, entkernen und schälen. Zitrone auspressen. Erst das Fruchtfleisch von Melone und Gurke pürieren, dann mit 1–2 EL Zitronensaft und gehacktem Basilikum mixen, mit Salz und Pfeffer abschmecken und kühl stellen. Kälte nimmt Geschmack, also kräftig würzen.
2. Für eiskalten Genuss ein paar Minuten vor dem Servieren in jede Portion 2 Eiswürfel geben, dann das Mineralwasser unterrühren. Mit Basilikum bestreuen.

Pro Portion: 2 g Eiweiß, 0 g Fett, 21 g Kohlenhydrate, 2 g Ballaststoffe = 98 Kalorien

GEMÜSE SATT!

WER ABNEHMEN MÖCHTE, sollte viel mehr essen – viel mehr Gemüse natürlich. Faustregel: Einfach den Teller immer zur Hälfte damit füllen.

SPARGEL: gar in 8 bis 10 Minuten

PAPRIKASTÜCKE: gar in 3 bis 5 Minuten

STECKRÜBE, in Scheiben oder Würfeln: gar in 25 Minuten

STAUDENSELLERIE: gar in 5 Minuten

GRÜNE BOHNEN: gar in 10 bis 15 Minuten

KOHLRABI, BLUMEN-KOHL, BROKKOLI: gar in 6 bis 12 Minuten

Wichtig ist es, die richtige Garzeit abzupassen. Denn je **KNACKIGER** das Gemüse, desto mehr wichtige Inhaltsstoffe bleiben erhalten.

Wer nur wenig isst, braucht viele **NÄHRSTOFFE.** Deshalb klein geschnittene Gemüse mit ganz wenig Flüssigkeit im geschlossenen Topf garen. Je kürzer, desto besser.

NATÜRLICHE VITAMINE

Vor allem das natürliche B-Vitamin Folat, früher Folsäure genannt, ist hierzulande knapp. Wer in Kopf und Körper fit bleiben möchte, braucht täglich rund 300 Mikrogramm. Doch im Schnitt bekommen wir gerade mal zwei Drittel, nur 200 Mikrogramm! Trotzdem kein Grund, zur Pille zu greifen. Das nützliche B-Vitamin steckt reichlich in grünen Gemüsen. Falsch zubereitet, gehen allerdings bis zu 90 % des Anti-Aging-Stoffs verloren.

Was den Vitamin-C-Gehalt angeht, können Paprikaschoten und viele Kohlsorten locker mit Äpfeln und Zitrusfrüchten mithalten. Manches Gemüse übertrifft diese bekannten Vitamin C-Spender sogar deutlich. Allerdings nur, wenn man es in der Küche nett behandelt.

Deshalb: Alles Grünzeug vor dem Kleinschneiden waschen, zugedeckt knapp garen. Nicht herumstehen lassen oder gar – eine echte Todsünde – warm halten!

KÜRBIS, gewürfelt: gar in 6 bis 12 Minuten

FENCHEL in Scheiben: gar in 8 bis 12 Minuten

SPINAT: Gar in 1 Minute

ZUCCHINISCHEIBEN: gar in 2 Minuten

KNOLLENSELLERIE, gewürfelt: gar in 10 bis 15 Minuten

SPINAT nie in kochendes Wasser werfen. So gehen 80 % des kostbaren B-Vitamins Folat und die Hälfte der bioaktiven Substanzen verloren. Lieber die Blätter tropfnass in einen kurz vorgeheizten, trockenen Topf geben. Deckel drauf. 1 Minute warten. Fertig!

KEINE HEXEREI: ABNEHMEN MIT KRÄUTERN

DIE MAGIE DER FEINEN KRÄUTER: Ganz ohne Kalorien verzaubern diese würzenden Zugaben jedes Gericht. Ihre Aromen machen Frische sinnlich erlebbar.

Die Kräutersuppe weder lange kochen noch warm halten, sie verliert sonst ihre Farbe. Auch **DER DUFT** und die Würzkraft der Kräuter schwinden minutenschnell.

GREMOLATA ist ein großer Genuss mit nur 3 Kalorien für 4 Portionen: 1 Bund glatte Petersilie mittelfein und 2 Zehen Knoblauch sehr fein hacken. Die Schale einer halben unbehandelten Zitrone fein abreiben. Alles vermischen und frisch zubereitet zur Selbstbedienung auf den Tisch stellen.

EXTRA VIEL PROTEIN: Meeresfrüchtesalat mit Fenchel

So werden geläufige Gerichte originell: Einfach eine duftende Mischung aus gehackter Petersilie, Knoblauch und abgeriebener Zitronenschale darüberstreuen. Die **KRÄUTERMISCHUNG** zu hellen Gemüse-, Fisch- und Fleischgerichten servieren.

Schmeckt immer: Eine **FRITTATA** aus Maiskörnern, Eiern und gemischten Kräutern. Leicht zu machen und super sättigend bei nur rund 200 Kalorien.

Wer's scharf mag, kann den **TOMATENDIP** zur Frittata zusätzlich mit Sambal oelek oder mit Tabasco abschmecken.

Forelle light: Mit unserem Rezept liegen **60 % WENIGER KALORIEN** und 80 % weniger Fett auf dem Teller als bei einer klassisch gebratenen Forelle mit Buttersauce.

Etwas übrig vom **KRÄUTERSTRAUSS?** Am besten in ein Glas Wasser geben und mit einem Plastikbeutel darüber in den Kühlschrank stellen.

Topquelle für OMEGA-3-FETTSÄUREN

MEERESFRÜCHTESALAT MIT FENCHEL

Für 2 Portionen:
1 EL Olivenöl
1 Zwiebel
1 Knoblauchzehe
120 ml Gemüsebrühe (siehe S. 203)
½ unbehandelte Grapefruit (Bioladen)
250 g gemischte Meeresfrüchte (gegart; tiefgefroren)
½ Fenchelknolle
2 EL Schnittknoblauch- oder Schnittlauchröllchen
3–4 Salatblätter
Salz, Pfeffer
1 Zweig Zitronenmelisse
einige Begonienblüten

1. Das Öl in einem Topf erhitzen. Gewürfelte Zwiebeln und Knoblauch darin 2 Minuten glasig dünsten. Die Gemüsebrühe zugeben.
2. Einen halben Teelöffel abgeriebene Grapefruitschale in der Brühe aufkochen. Die tiefgefrorenen Meeresfrüchte dazugeben. Die Herdplatte abschalten und den Topf zugedeckt etwa 10 Minuten darauf stehen lassen.
3. Fenchel waschen, den Stielansatz abschneiden und die Knolle in sehr feine Streifen hobeln. Das Fruchtfleisch der Grapefruit auslösen.
4. Salatblätter waschen und trocknen. Schnittlauchröllchen, Grapefruitstücke und Fenchelstreifen unter die Meeresfrüchte mischen. Mit Salz und Pfeffer abschmecken und auf den Salatblättern anrichten. Mit Zitronenmelisse und Begonienblüten garnieren.

Pro Portion: 19 g Eiweiß, 7 g Fett, 10 g Kohlenhydrate, 3 g Ballaststoffe = 190 Kalorien

KRÄUTER-FRITTATA MIT TOMATENDIP VT

Für 2 Portionen:
1 Bund Lauchzwiebeln
1 TL Rapsöl
100 g Mais (Dose)
3 Eier
3 EL gehackte gemischte Kräuter, z. B. Sauerampfer, Kerbel, Borretsch, Liebstöckel, Petersilie
Salz, Pfeffer
½ kleine Dose Tomatenstückchen (200 g)
Cayennepfeffer

1. Zwiebeln putzen und schräg in dünne Ringe schneiden.
2. Das Öl in einer großen Pfanne erhitzen, Mais und Frühlingszwiebeln darin 2 Minuten zugedeckt andünsten.
3. Die Eier mit 2 EL Kräutern, Salz und Pfeffer verquirlen und über das Gemüse gießen. In der offenen Pfanne etwa 6 Minuten bei mittlerer Hitze stocken lassen.
4. Die Frittata mithilfe eines großen Tellers oder flachen Pfannendeckels wenden und weitere 4 Minuten garen.
5. Für den Dip die Tomatenstückchen mit den restlichen Kräutern, Salz und Cayennepfeffer herzhaft abschmecken.
6. Die Frittata auf einen großen Teller gleiten lassen und wie eine Torte in Stücke schneiden. Den Tomatendip dazu servieren.

Pro Portion: 13 g Eiweiß, 10 g Fett, 15 g Kohlenhydrate, 4 g Ballaststoffe = 216 Kalorien

KRÄUTERSUPPE MIT KNOBLAUCH

Für 2 Portionen:

2 Knoblauchzehen
2 TL Olivenöl
2 gehäufte EL feine Haferflocken
½ l Rinderbrühe (siehe S. 205)
2–3 EL gehackte Kräuter nach Wahl,
   z. B. Petersilie, Kerbel, Schnittlauch,
   Dill, Liebstöckel
½ unbehandelte Zitrone
Salz, Pfeffer, Zucker
einige Salbei-, Thymian- oder Kresseblätter

1. Knoblauch schälen. Das Öl in einem Topf erhitzen. Haferflocken zufügen und unter Rühren anbraten, bis die Flocken duften. Zerdrückten Knoblauch unterrühren und kurz mitdünsten.
2. Die Brühe dazugießen und 5 Minuten kochen. Kurz vor dem Servieren die gehackten Kräuter und etwas abgeriebene Zitronenschale dazugeben. Mit Salz, Pfeffer, einer Prise Zucker und etwas Zitronensaft abschmecken. Mit Blüten garniert servieren.

Pro Portion: 2 g Eiweiß, 4 g Fett, 8 g Kohlenhydrate, 2 g Ballaststoffe = 80 Kalorien

FORELLEN MIT THYMIANSAUCE

Für 2 Portionen:

2 Forellen (frisch oder aufgetaut; ca. 600 g)
Salz, Pfeffer
1 Knoblauchzehe
1 unbehandelte Zitrone
150 ml Gemüsebrühe (siehe S. 203)
2 TL Zitronenthymianblättchen (oder anderer Thymian)
knapp ½ gestrichener TL Guarkernmehl
1 Becher fettarmer Joghurt (150 g; 1,5 %)
1 Eigelb

1. Backofen auf 220 °C vorheizen. Forellen waschen, innen salzen, pfeffern, mit zerdrückter Knoblauchzehe würzen. Eine Hälfte der Zitrone in Scheiben schneiden und im Bauch der Fische verteilen.
2. Jeden Fisch auf ein großes Stück Backpapier legen und das Papier locker darüber zusammenfalten, die Seiten fest zusammenkniffen. Auf ein Blech legen, im vorgeheizten Backofen 15 bis 20 Minuten garen.
3. Inzwischen für die Sauce die Brühe mit dem Thymian erhitzen. Guarkernmehl einstreuen und aufkochen. Von der Kochstelle nehmen.
4. Die Fischpäckchen oben vorsichtig öffnen (heißer Dampf!), die entstandene Garflüssigkeit in die Sauce abgießen. Joghurt und Eigelb mit dem Schneebesen unterrühren, unter Schlagen erhitzen und einmal aufwallen lassen. Vom Herd nehmen, mit Salz, Pfeffer und Zitronensaft abschmecken. Fisch mit der Sauce anrichten. Passend dazu: Pellkartoffeln.

Pro Portion: 33 g Eiweiß, 8 g Fett, 3 g Kohlenhydrate, 0 g Ballaststoffe = 228 Kalorien

BRATKARTOFFELN?
NA KLAR!

Hunger auf Bratkartoffeln? Diese **SCHNELLE VARIANTE** gelingt mit rohen Kartoffeln. Für eine komplette Mahlzeit grünen Salat dazu servieren. Statt Spiegelei passt auch fettarmer Feta.

Gekaufte Rösti enthalten in der Regel mehr als die **DOPPELTE** Menge Fett und Kalorien.

PERFEKT!
Die Kartoffeln braten in einer figurfreundlichen Kombination aus Öl und Wasser und geraten dabei knusprig.

KRÄUTERRÖSTI ^{VGN}

Für 2 Portionen:

400 g Kartoffeln
  (vorwiegend festkochend)
1 EL Petersilienblättchen
1 EL Schnittlauchröllchen
1 Prise getrockneter Thymian
Salz
1 EL Rapsöl
grober Pfeffer

1. Die Kartoffeln schälen, grob raspeln und kurz auf einem Sieb abtropfen lassen. Mit gehackter Petersilie und Schnittlauchröllchen mischen. Den Thymian in der Handfläche zerreiben, unterrühren und leicht salzen.
2. ½ EL Öl in einer Pfanne erhitzen und die Kartoffelmischung hineingeben. Mit dem Löffelrücken fest andrücken und zugedeckt in 8 bis 10 Minuten bei mittlerer Hitze braun braten.
3. Rösti mithilfe eines flachen Topfdeckels oder Tellers wenden, das restliche Öl zufügen und die Unterseite bräunen. Rösti mit grobem Pfeffer bestreut servieren.

Pro Portion: 3 g Eiweiß, 5 g Fett, 25 g Kohlenhydrate, 2 g Ballaststoffe = 164 Kalorien

Dazu passt ein Rohkostsalat aus Steckrüben und Möhren oder eine große Portion knapp gegarter Rotkohl (siehe Seite 201).

BRATKARTOFFELN ROT-GRÜN ^{VT}

Für 2 Portionen:

500 g Kartoffeln
  (vorwiegend festkochend)
1 Zwiebel
6 getrocknete weiche Tomaten (ohne Öl)
1 EL und 1 TL Rapsöl
Salz, Pfeffer
eventuell 2 EL gehackte Petersilie
2 Eier

1. Kartoffeln und Zwiebel schälen. Kartoffeln in Scheiben oder Würfel schneiden, die Zwiebel sehr fein würfeln. Die Tomaten in schmale Streifen schneiden.
2. Die Zwiebel in einer Pfanne in 1 EL heißem Öl glasig andünsten. Kartoffeln etwa 5 Minuten mitbraten. Tomatenstreifen mit 2 EL Wasser dazugeben, Kartoffeln salzen, alles mit Deckel bei milder Hitze etwa 10 bis 12 Minuten garen. Zwischendurch 2- oder 3-mal wenden, dabei eventuell noch 1 – 2 EL Wasser dazugeben. Nach Wunsch mit Petersilie überstreuen. Mit Salz und Pfeffer abschmecken.
3. Inzwischen eine zweite Pfanne mit dem restlichen Öl ausstreichen, die Eier darin aufschlagen und 2 Spiegeleier braten. Zu den Kartoffeln servieren.

Pro Portion: 12 g Eiweiß, 12 g Fett, 35 g Kohlenhydrate, 4 g Ballaststoffe = 307 Kalorien

Anstelle von Spiegelei lecker dazu: eines der Rühreier von Seite 25.

LIEBLINGSGERICHTE IN LEICHT

Leicht genug **ZUM ABHEBEN:** Buttrige Bratkartoffeln! Im Vergleich zu üblichen Bratkartoffeln gespart: ein Drittel der Kalorien und 9 Gramm Fett. Restaurantvarianten sind noch viel fetter.

Etwas Fett muss sein. Es sorgt dafür, dass der Körper den nützlichen Pflanzenstoff **LYKOPIN** aus der Tomatensauce der Gnocchi gut aufnimmt.

GNOCCHI MIT BOHNEN UND TOMATENSAUCE VT

Für 2 Portionen:
1 mittelgroße Zwiebel
1–2 Knoblauchzehen
4 TL Olivenöl
1 kleine Dose Tomatenstücke
   (400 g Füllmenge)
300 g grüne Bohnen
250 g Gnocchi
   (Kühlregal oder Trockenprodukt)
Salz, Pfeffer
1 EL Zitronenthymian
   (oder 1 TL getrocknete Kräuter nach Wahl)
20 g gehobelter Parmesan

1. Zwiebel und Knoblauch schälen, würfeln oder in Spalten schneiden und mit 2 TL Öl in einer Pfanne andünsten. Dosentomaten und Bohnen (evtl. zerteilt) zufügen. Etwa 10 Minuten bei milder Hitze kochen, bis das Gemüse fast gar ist.
2. Die Gnocchi – je nach Anleitung auf der Packung – in den letzten 2 bis 5 Minuten in der Sauce garziehen lassen. Mit Salz und Pfeffer abschmecken und Thymianblättchen darübergeben. Auf dem Teller mit dem restlichen Öl beträufeln und mit gehobeltem Parmesan anrichten.

Pro Portion: 13 g Eiweiß, 10 g Fett, 56 g Kohlenhydrate, 6 g Ballaststoffe = 375 Kalorien

BUTTRIGE BRATKARTOFFELN VT

Für 2 Portionen:
500 g Kartoffeln (festkochende Sorte)
Salz, Pfeffer
1 Zwiebel
2 TL Rapsöl
10 g Butter

1. Die Kartoffeln am Vortag waschen und mit Schale in Salzwasser 20 Minuten garen, abgießen und mit kaltem Wasser übergießen. Noch warm schälen und bis zum nächsten Tag kühl stellen, jedoch nicht im Kühlschrank aufbewahren.
2. Kartoffeln in 1 cm dicke Scheiben schneiden, Zwiebel schälen und in dünne Ringe schneiden.
3. Eine große Pfanne erhitzen, das Öl darin mit einem Pinsel verteilen. Die Kartoffelscheiben möglichst nebeneinander in die Pfanne legen und bei mittlerer Hitze 5 bis 6 Minuten braten. Falls die Pfanne zu klein ist, in 2 Portionen arbeiten. Die Scheiben einzeln wenden und von der anderen Seite ebenfalls 5 bis 6 Minuten braten.
4. Die Kartoffeln mit Salz und Pfeffer würzen. Zwiebelringe und Butter in Flöckchen zugeben. Die Pfanne rütteln, damit sich die Butter in der Pfanne verteilt.
5. Kartoffeln und Zwiebeln bei mittlerer Hitze weitere 5 Minuten garen und dabei einige Male wenden.

Pro Portion: 4 g Eiweiß, 7 g Fett, 32 g Kohlenhydrate, 3 g Ballaststoffe = 213 Kalorien

BRATFISCH UND GRATIN

Extra viel KALZIUM

Für die gleiche Menge Fisch, also 175 g pro Portion, müsste man **NEUN FISCHSTÄBCHEN** essen. Und die hätten wegen der dicken Panade und dem notwendigen Fett zum Braten rund 800 Kalorien. Also: 500 Kalorien sparen und sich rundherum satt essen.

Mit einer Beilage aus gedünstetem Gemüse oder einem Salat gerät das Gratin zur **AUSGEWOGENEN** vegetarischen Mahlzeit, denn die Kombination von Kartoffeln, Milch und geriebenem Käse liefert pro Portion 12 Gramm besonders hochwertiges Eiweiß.

GEBRATENER SEELACHS

Für 2 Portionen:
350 g Seelachsfilet
Salz, Pfeffer
2 EL Haferkleieflocken
1 Ei
1 EL fettarme Milch (1,5 %)
2 EL Rapsöl

1. Den Fisch mit Salz und Pfeffer würzen. Kleieflocken auf einem flachen Teller ausbreiten, die Fischstücke von beiden Seiten darin wenden.
2. Ei, Milch und 1 Prise Salz in einen tiefen Teller geben, mit einer Gabel verschlagen und die Fischfilets darin wenden.
3. Das Öl in einer Pfanne erhitzen und die Fischstücke darin – je nach Dicke – von jeder Seite 3 bis 5 Minuten braten. Vom Herd nehmen, 1 Minute ruhen lassen und servieren.

Pro Portion: 36 g Eiweiß, 16 g Fett, 3 g Kohlenhydrate, 0 g Ballaststoffe = 303 Kalorien

KARTOFFELGRATIN VT

Für 4 Portionen:
1 kg Kartoffel
   (vorwiegend festkochende Sorte)
1 TL Rapsöl
200 ml Brühe
   (Sorte nach Wahl, siehe S. 203)
3 EL Magermilchpulver
200 ml fettarme Milch (1,5 %)
1 Knoblauchzehe
Salz und Pfeffer
50 g geriebener Parmesan oder Grana-Padano-Käse

1. Backofen auf 200 °C vorheizen. Kartoffeln schälen und in dünne Scheiben schneiden; das geht am besten in der Küchenmaschine.
2. Eine passende ofenfeste Form mit Öl ausstreichen. Brühe mit Milchpulver, Milch und zerdrücktem Knoblauch mischen. Kartoffelscheiben in die Form geben, dabei salzen und pfeffern. Den Brühemix darübergießen und mit Käse bestreuen.
3. Die Form in den vorgeheizten Backofen schieben und bei 200 °C in etwa 40 Minuten goldbraun backen.

Pro Portion: 12 g Eiweiß, 5 g Fett, 36 g Kohlenhydrate, 3 g Ballaststoffe = 250 Kalorien

Ein Kartoffelgratin mit Sahne und Käsekruste bringt es bei gleicher Menge auf rund 600 Kalorien und fast 40 Gramm Fett. Die leichte Variante punktet mit 340 Kalorien und 32 Gramm Fett weniger.

Kartoffel-Gemüse-Püree hat nur halb so viele Kalorien wie das **KLASSISCHE** Kartoffelpüree. Feine Püree-Varianten mit Butter und Sahne bringen es auf die dreifache Kalorienzahl.

KARTOFFEL-GEMÜSE-PÜREE ^{VT}

Basisrezept: Für 3 Portionen 400 g mehlige oder vorwiegend festkochende Kartoffeln und 350 g Gemüse nach Wahl schälen und würfeln. In wenig Salzwasser ca. 20 Minuten kochen, abgießen und abdampfen lassen. Mit dem Kartoffelstampfer fein zerkleinern. Keinen Mixstab verwenden, sonst wird das Püree zäh! 100 ml heiße Milch unter den Kartoffel-Gemüse-Brei rühren. Nach und nach heiße Brühe (ca. 100 bis 125 ml) unterrühren, bis das Püree die gewünschte Festigkeit hat. Mit Salz abschmecken. Fast jedes Gemüse passt: Kocht man Zucchini hinein, gerät es besonders leicht. Gemüsesorten wie etwa Staudensellerie, Frühlingszwiebeln und grüne Erbsen gart man besser extra und hebt sie am Schluss unter.

Pro Portion: 4 g Eiweiß, 1 g Fett, 22 g Kohlenhydrate, 3 g Ballaststoffe = 115 Kalorien

1 MIT PASTINAKEN UND PIMENT: ein Püree, das gut zu Wild passt.

2 MIT WIRSING UND SCHWARZKÜMMEL: zu Fisch oder Geflügel servieren.

3 MIT KOHLRABI UND CURRY: schmeckt Vegetariern zu gebratenem Tofu.

4 MIT SÜSSKARTOFFELN UND PAPRIKA: ist edel zu Kasslerbraten.

5 MIT ROTER BETE UND MUSKAT: raffiniert zu Putenschnitzel.

6 MIT MÖHREN UND KAPERN: ergänzt Rührei und Omelett.

7 MIT ERBSEN UND KRÄUTERN: ergänzt Rührei und Omelett.

8 MIT KÜRBIS UND INGWER: als Beilage zu Leber servieren.

9 MIT WEISSEN RÜBEN UND KRESSE: feine Beilage zu Schweinerücken.

EIN KLASSIKER IN SCHLANK

Der urdeutsche **KLASSIKER** sättigt noch besser und hält lange vor, wenn man statt dem üblichen weißen Reis eine Portion Zartweizen, Quinoa, Bulgur oder Hirse dazu serviert.

Gegenüber einer Bechamelsauce aus dem Karton verzichtet man auf mehr als die Hälfte der Kalorien und **SPART ZWEI DRITTEL** der gesättigten Fettsäuren. Benutzt man ein Fertigpulver zum Andicken der Mehlschwitze, liegt die Menge an gesättigten Fettsäuren siebenmal so hoch wie bei der leichten Hausmacher-Variante im Rezept.

GUT ZUM EINFRIEREN

HÜHNERFRIKASSEE

Für 6 Portionen:
1 Huhn (1,2 kg)
1 Bund Suppengrün (300 g)
1 Zwiebel
1 Lorbeerblatt
1 unbehandelte Zitrone
5 Pfefferkörner
Salz
250 g grüner Spargel
200 g Möhren
100 g Champignons
3 EL Rapsöl
45 g Mehl
¼ l fettarme Milch (1,5 %)
1 Bund Petersilie (oder Estragon)

1. Das Huhn innen und außen kalt abspülen. Das Suppengrün putzen und grob zerkleinern. Zwiebel schälen. 2 l Wasser in einem großen Topf erhitzen. Hähnchen, Suppengrün, Lorbeerblatt, 1 Stück Zitronenschale, Pfefferkörner und 1 TL Salz zugeben. Das Huhn bei sehr milder Hitze offen etwa 1 Stunde garen, nicht brodelnd kochen; die Temperatur ist richtig eingestellt, wenn nur kleine Blasen aufsteigen.

2. Das Huhn herausnehmen, von Haut und Knochen lösen und das Fleisch in mundgerechte Stücke schneiden.

3. Die Brühe durch ein Sieb gießen und mit einem Fettabscheidekännchen gründlich entfetten oder kalt stellen und das erstarrte Fett abheben. Das ausgekochte Gemüse wegwerfen. ½ l Brühe für die Sauce abmessen,

den Rest anderweitig verwenden (siehe auch Seite 123).

4. Spargel, Möhren und Champignons putzen und klein schneiden. Das Gemüse in wenig Salzwasser garen, die Möhren brauchen etwa 8 Minuten, Spargel und Pilze 2 bis 3 Minuten. Die Gemüse abgießen und abtropfen lassen.

5. Für die Béchamelsauce Öl in einem Topf erhitzen, Mehl mit einem Schneebesen unterrühren und kurz andünsten.

6. Die Milch zugießen und unter Rühren aufkochen. Brühe zugießen, wieder aufkochen und die Sauce etwa 6 bis 8 Minuten bei milder Hitze kochen.

7. Hähnchenfleisch und Gemüse mit der Sauce mischen und wieder erhitzen. Mit Zitronensaft und Salz abschmecken. Mit gehackter Petersilie servieren.

Pro Portion: 34 g Eiweiß, 11 g Fett, 10 g Kohlenhydrate, 2 g Ballaststoffe = 283 Kalorien

Eine mehlgebundene Sauce ist typisch für Frikassee, war aber lange Zeit als Relikt aus Omas Küche verrufen – zu Unrecht! Sie passt zu fast allen knapp gegarten Gemüsesorten, zu hellem Fleisch und Fisch und ist in unserer Version erheblich gesünder als jedes feine Sahne- oder Buttersößchen.

Bechamelsauce pro 100 ml: 3 g Eiweiß, 4 g Fett, 6 g Kohlenhydrate, 0 g Ballaststoffe = 78 Kalorien

PUTENSTEAKS UND BACKKARTOFFEL

Wer Backkartoffeln liebt, macht sie in der eigenen Küche. Im Vergleich zu typischen Baked Potatoes **MIT SOUR CREAM** aus dem Steakhaus liefert die selbstgemachte 60 % weniger Kalorien, rund ein Viertel weniger Fett, aber 10 Gramm sättigendes Eiweiß mehr.

Extra
viel
PROTEIN

Top-
quelle für
VITAMINE

PUTENSTEAKS IM GRÜNEN

Für 4 Portionen:

250 g Lauch
400 g kleine Putensteaks
Salz, Pfeffer
1 EL Rapsöl
250 ml Gemüsebrühe (siehe S. 203)
200 g tiefgekühlter Blattspinat
150 g tiefgekühlte Erbsen
1 Prise Guarkernmehl
3 EL Sauerrahm (siehe S. 197)

1. Lauch putzen und in feine Ringe schneiden. Steaks salzen und pfeffern. In einer Pfanne in heißem Öl von beiden Seiten kurz und kräftig anbraten. Herausnehmen. Den Bratensatz mit Brühe ablöschen.
2. Lauch in der Brühe 3 Minuten zugedeckt garen, aufgetauten Spinat und Erbsen zufügen, noch einmal 3 bis 5 Minuten garen. Guarkernmehl einstreuen, aufkochen. Sauerrahm einrühren. Die Sauce mit Salz und Pfeffer abschmecken. Die Putensteaks darin erhitzen und in der Pfanne servieren.

Pro Portion: 30 g Eiweiß, 6 g Fett, 8 g Kohlenhydrate, 4 g Ballaststoffe = 212 Kalorien

Dazu passt eine Backkartoffel ohne Dip oder Pellkartoffeln. Auch lecker dazu: gekochter Zartweizen.

BACKKARTOFFEL MIT DIP VT

Für 2 Portionen:

2 große Kartoffeln (à ca. 300 g)
150 g Magerquark
1 Becher fettarmer Joghurt (150 g; 1,5 %)
1 Bund Schnittlauch
½ Salatgurke
Salz, Pfeffer, Zucker

1. Backofen auf 180 °C vorheizen. Kartoffeln gründlich sauber bürsten, waschen. In Alufolie wickeln und auf einem Rost im vorgeheizten Backofen bei 180 °C Umluft 70 Minuten backen.
2. Quark mit Joghurt verrühren. Schnittlauch in feine Röllchen schneiden. Gurke waschen, evtl. schälen und fein würfeln. Quarkmix mit Gurke und Schnittlauch mischen. Mit Salz, Pfeffer und 1 Prise Zucker abschmecken.
3. Kartoffeln aus dem Ofen nehmen, halbieren und mit dem Dip servieren.

Pro Portion: 18 g Eiweiß, 1 g Fett, 47 g Kohlenhydrate, 4 g Ballaststoffe = 283 Kalorien

Mit einer großen Portion Blumenkohl oder Wirsing dazu, wird eine Backkartoffel plus Dip zur ausgewogenen Mahlzeit für Vegetarier!

LIEBER LEBER STATT ZU DICK

Extra viel PROTEIN

Hat ein Fleischgericht wie etwa dieses eine **GEHALTVOLLE** Sauce, fettfrei gedünstetes Gemüse und Salzkartoffeln oder eine große Portion Salat mit fettfreier Sauce dazu servieren.

Geflügelleber **ZARTROSA** zu braten ist kein Kunststück. Einfach zur Probe ein Leberstück zerteilen, um zu sehen, ob es gar ist. Der auslaufende Saft sollte klar sein – und nicht blutig.

HÄHNCHENLEBER MIT SCHALOTTEN

Für 2 Portionen:
100 g Schalotten
250 g Hähnchenleber
1 EL Mehl
2 EL Öl
Pfeffer
½ TL Paprika (edelsüß)
Salz

1. Schalotten schälen und in feine Ringe schneiden. Die Leber kalt abspülen, trocknen und mit Mehl bestäuben.
2. Öl in einer großen Pfanne erhitzen, die Leber darin kurz anbraten und an den Rand schieben.
3. Die Schalotten dazugeben, anbraten, pfeffern und mit Paprika bestäuben. 5 Minuten bei kleinster Hitze weiterbraten, zum Schluss erst salzen.

Pro Portion: 24 g Eiweiß, 14 g Fett, 9 g Kohlenhydrate, 1 g Ballaststoffe = 262 Kalorien

Zu allen drei Lebergerichten passen die Kartoffelbrei-Gemüse-Varianten von Seite 61.

KALBSLEBER MIT SALBEI

Für 2 Portionen:
250 g Kalbsleber
1 Zwiebel
1 kleiner roter Apfel
1½ EL Rapsöl
1 EL frische Salbeiblätter
1 EL Calvados
50 g magere Schinkenwürfel
1 EL Crème fraîche
Salz, Pfeffer

1. Leber kalt abspülen, trocknen und in Streifen schneiden. Zwiebel in Ringe schneiden. Apfel entkernen und mit Schale in Spalten schneiden.
2. Zwiebelringe in ½ EL heißem Öl glasig andünsten. Apfel zufügen und 2 Minuten dünsten. Aus der Pfanne nehmen und warm stellen.
3. Salbeiblätter im restlichen Öl knusprig braten. Herausnehmen. Leber im Bratfett 3 bis 5 Minuten braten.
4. Calvados, Schinken und Crème fraîche zur Leber geben, aufkochen, salzen und pfeffern. Mit dem Apfel-Zwiebel-Gemüse anrichten, mit Salbeiblättern bestreuen.

Pro Portion: 21 g Eiweiß, 13 g Fett, 16 g Kohlenhydrate, 2 g Ballaststoffe = 290 Kalorien

PUTENLEBER MIT ESTRAGON

Für 2 Portionen:
250 g Putenleber
½ EL Mehl
10 g Butter
75 ml heller Fond (aus dem Glas)
2 TL Estragonblätter
1 TL Crème fraîche
Salz, Pfeffer

1. Leber kalt abspülen, trocknen und mit Mehl bestäuben. Butter in einer Pfanne erhitzen. Die Leber – je nach Dicke – auf jeder Seite etwa 2 bis 3 Minuten braten, herausnehmen, zugedeckt warm halten.
2. Fond und Estragon in die Pfanne geben und unter Rühren offen kochen, bis die Sauce etwas eingedickt ist. Crème fraîche hineinrühren. Mit Salz und Pfeffer abschmecken. Die Leber salzen, mit der Sauce auf Tellern anrichten und sofort servieren.

Pro Portion: 24 g Eiweiß, 12 g Fett, 5 g Kohlenhydrate, 0 g Ballaststoffe = 227 Kalorien

GESCHMACK REIN, KALORIEN RAUS

Top-quelle für PROTEIN

Wildfleisch wie hier vom Hirsch ist nicht nur fettarm, es besitzt in der Regel auch eine bessere **FETTQUALITÄT** als das Fleisch von gemästeten Tieren.

Intensiv schmeckende Schmorgerichte gelingen auch ohne umständliches Anbraten, das spart Fett und Kalorien: Bei unserem Rindergulasch gibt es eine große Portion richtig leckerer Sauce und trotzdem **60 % WENIGER FETT** als bei herkömmlichen Rezepten. Im Vergleich zu Gulaschvarianten mit Sahnesauce spart man sogar 70 % Fett. Außerdem: mehr als doppelt so viel Ballaststoffe.

HIRSCHGULASCH

Für 4 Portionen:
10 g getrocknete Steinpilze
2 Gemüsezwiebeln (ca. 500 g)
1 Möhre
1 Stück Sellerieknolle (ca. 100 g)
750 g Hirschgulasch
Salz, Pfeffer
2 Lorbeerblätter, 3 Gewürznelken
1 TL zerdrückte Wacholderbeeren
250 ml Wildfond
2 TL Tomatenmark
½ Becher Schmand (75 g)
2 TL Mehl

1. Pilze in etwa 100 ml Wasser einweichen. Zwiebeln, Möhre und Sellerie putzen und klein schneiden. Das Fleisch mit dem Gemüse in einen ausreichend großen Topf schichten, dabei jede Lage mit Salz, Pfeffer würzen. Lorbeerblätter, Wacholder und Nelken mit einschichten.
2. Den Wildfond mit dem Tomatenmark verrühren, über Fleisch und Gemüse gießen und alles langsam aufkochen. Die eingeweichten Pilze mit dem Einweichwasser zufügen. Im geschlossenen Topf bei milder Hitze etwa 2 Stunden schmoren.
3. Wenn das Fleisch gar ist, den Schmand mit Mehl verrühren und unter Rühren zum Gulasch geben. Aufkochen und 5 Minuten bei milder Hitze ziehen lassen. Eventuell mit Salz und Pfeffer nachwürzen.

Pro Portion: 42 g Eiweiß, 11 g Fett, 10 g Kohlenhydrate, 4,5 g Ballaststoffe = 317 Kalorien

RINDERGULASCH

Für 4 Portionen:
1 kg Zwiebeln
2 Knoblauchzehen
1 Möhre
2 Fleischtomaten
800 g mageres Rindfleisch aus der Keule
Salz, Pfeffer
2 EL Paprikapulver (edelsüß)
1 Prise Chiliflocken
250 ml Rinderbrühe (siehe S. 205)
1 EL Tomatenmark

1. Zwiebeln, Knoblauch und Möhre schälen und würfeln. Tomaten waschen und grob zerkleinern. Das Fleisch in mundgerechte Stücke schneiden.
2. Gemüse und Fleisch in einen ausreichend großen Topf schichten. Jede Lage mit Salz, Pfeffer, Paprikapulver und Chili würzen.
3. Die Brühe mit dem Tomatenmark verrühren, über Fleisch und Zwiebeln gießen und langsam aufkochen. Bei milder Hitze im geschlossenen Topf 1½ bis 2 Stunden schmoren, dabei ab und zu umrühren.
4. Wenn das Fleisch gar ist, einen Teil der Brühe mit dem weich gekochten Gemüse aus dem Topf schöpfen und mit dem Stabmixer pürieren. Zurück zum Gulasch geben und – falls nötig – mit Salz nachwürzen.

Pro Portion: 45 g Eiweiß, 9 g Fett, 15 g Kohlenhydrate, 5 g Ballaststoffe = 332 Kalorien

Die Kombination von magerem Eiweiß und viel Gemüse hält lange vor. Ein köstlicher Sattmacher!

69

EIN KLASSIKER SPECKT AB

Extra viel ZINK

Übliche Rouladen enthalten pro Portion mehr als doppelt so viel Fett und 60 % mehr Kalorien als diese **KÖSTLICH**-leichte Variante.

RINDSROULADEN

Für 4 Portionen:

4 Rindsrouladenscheiben à ca. 180 g
Salz, Pfeffer
1 EL Senf
4 Zwiebeln
100 g Sauerkraut
40 g magerer Würfelschinken
2 EL Rapsöl
1 EL Tomatenmark
150 ml kräftiger Rotwein
400 ml Rinderbrühe (siehe S. 205)
1 TL getrockneter Thymian
2 TL Mehl
100 g fettarmer Joghurt (1,5 %)

1. Die Fleischscheiben salzen, pfeffern und auf einer Seite mit Senf bestreichen.

2. Die Zwiebeln schälen. 1 Zwiebel in Streifen schneiden, den Rest würfeln. Zwiebelstreifen, Sauerkraut und die Schinkenwürfel auf den Rouladen verteilen. Die Fleischscheiben aufrollen und mit Küchenfaden oder Metallspießchen fixieren.

3. Öl in einem Bräter erhitzen. Die Rouladen darin kräftig braun anbraten, dabei immer wieder wenden, bis alle Seiten gut gebräunt sind. Herausnehmen.

4. Die Zwiebeln im Topf kurz anbraten, Tomatenmark zugeben. Kurz weiterbraten, 1 Schuss Rotwein zugießen und verdampfen lassen, wieder etwas Wein zugießen und einkochen lassen, bis der Wein aufgebraucht ist.

5. Die Brühe zugießen, aufkochen. Rouladen mit Thymian zurück in den Topf geben. Zugedeckt 1 Stunde bei kleiner Hitze schmoren. Falls nötig, etwas heißes Wasser oder Brühe nachgießen.

6. Die fertigen Rouladen aus dem Bratenfond heben. Küchengarn oder Spieße entfernen, Fleisch warm stellen.

7. Mehl mit Joghurt glatt rühren, in den Bratenfond geben, aufkochen. Die Sauce mit Salz und Pfeffer abschmecken und zu den Rouladen servieren.

Pro Portion: 44 g Eiweiß, 14 g Fett, 11 g Kohlenhydrate, 2 g Ballaststoffe = 362 Kalorien

Rouladen lassen sich wunderbar einfrieren. Einfach portionsweise mit dem Bratenfond übergossen verpacken und ins Gefriergerät legen. Haltbarkeit ca. 3 Monate. Erst später zum Essen die Sauce mit Mehl und Joghurt binden.

KÖRNCHEN MIT KICK

GRÜNKERN MIT STEINPILZEN

PERLGRAUPEN MIT GEMÜSE

Bulgur hat eine kurze Garzeit und wird auch deswegen immer beliebter bei uns. Man findet ihn in hellen und dunklen, fein- und grobkörnigen **VARIANTEN** in gut sortierten Supermärkten, Naturkostläden oder türkischen Geschäften. Geschmacklich sind die Unterschiede gering.

Manchmal ist **LANGSAMKEIT** ein echter Vorteil: Gehen Kohlenhydrate wie bei diesen drei Getreidegerichten nur peu à peu ins Blut über, bleibt erstaunlich viel Zeit, bis sich der Hunger wieder meldet.

PERLGRAUPEN MIT GEMÜSE VGN

Für 4 Portionen:
150 g Perlgraupen, Salz
½ unbehandelte Zitrone
2 frische Lorbeerblätter
1 Bund Suppengrün (ca. 300 g)
1 Fenchelknolle
2 EL Öl, Sojasauce
Szechuanpfeffer (oder Piment)

1. Graupen kalt abspülen. Mit 1 l Wasser, etwas Salz, den Lorbeerblättern und 1 Stück Zitronenschale etwa 15 Minuten kochen, im geschlossenen Topf auf der abgeschalteten Kochstelle 30 Minuten ausquellen lassen.
2. Suppengrün und Fenchel putzen, Fenchelgrün aufheben. Gemüse würfeln und in heißem Öl andünsten. Mit Deckel 10 Minuten garen. Abgetropfte Graupen kalt abspülen, zum Gemüse geben, erwärmen. Mit Zitronensaft, Sojasauce und Szechuanpfeffer abschmecken. Mit Fenchelgrün anrichten.

Pro Portion: 5 g Eiweiß, 6 g Fett, 30 g Kohlenhydrate, 5 g Ballaststoffe = 202 Kalorien

Schmeckt gut zu Fisch in Eihülle (Seite 59) und zu Geflügelsteaks.

GRÜNKERN MIT STEINPILZEN VT

Für 3 Portionen:
10 g getrocknete Steinpilze
450 ml Gemüsebrühe
   (siehe S. 203)
100 g Grünkernschrot
1–2 Knoblauchzehen
3 Lauchzwiebeln
1 Becher fettarmer Joghurt
   (150 g; 1,5 %)
Salz, Chiliflocken

1. Pilze in einer kleinen Schale mit einem Teil der Brühe übergießen und 30 Minuten zum Quellen stehen lassen. Grünkernschrot und die Pilze mit der Flüssigkeit in die restliche kalte Brühe geben und bei milder Hitze langsam zum Kochen bringen. Im geschlossenen Topf 20 Minuten garen.
2. Knoblauch schälen, Zwiebeln putzen und fein schneiden. Für die Sauce zerdrückten Knoblauch und Zwiebeln mit dem Joghurt verrühren. Mit Salz und Chiliflocken würzen, mit der Joghurtsauce servieren.

Pro Portion: 7 g Eiweiß, 2 g Fett, 25 g Kohlenhydrate, 6 g Ballaststoffe = 154 Kalorien

BULGUR MIT KOHLRABI UND TOMATEN VGN

Für 2 Portionen:
½ Kohlrabi (ca. 300 g)
1 Zwiebel
1 Knoblauchzehe
2 EL Rapsöl
150 g Bulgur
300 ml Gemüsebrühe
   (siehe S. 203)
Chiliflocken, Zitronensaft
200 g Kirschtomaten
2 EL Petersilienblättchen
   (oder Kerbel)
2 EL Mandelstifte

1. Kohlrabi schälen und würfeln. Zwiebel und Knoblauch schälen, Zwiebel würfeln. Das Öl in einem Topf erhitzen. Bulgur, Zwiebelwürfel und durchgepressten Knoblauch darin glasig dünsten.
2. Gemüsebrühe, Kohlrabi, 1 Prise Chiliflocken und 1 EL Zitronensaft zugeben und zugedeckt 10 bis 12 Minuten garen.
3. Die Tomaten waschen und halbieren, Petersilie hacken. Beides mit den Mandelstiften zum Bulgur geben.

Pro Portion: 14 g Eiweiß, 19 g Fett, 61 g Kohlenhydrate, 13 g Ballaststoffe = 480 Kalorien

SATT UND SEELIG IM WINTER

Genau wie Rot- und Weißkohl kann man auch **GRÜNKOHL** ohne Geschmacks- oder Nährstoffverluste aufwärmen. Wichtig: Nicht lange auf dem Herd stehen lassen, sondern nach dem Garen im kalten Wasserbad schnell abkühlen und ab in den Kühlschrank.

Im TK-Rahmwirsing ist wenig Gemüse: nur 45 Gramm Wirsing pro 100 Gramm. Deshalb sind weniger Vitamine, Mineralstoffe und Ballaststoffe enthalten als man denkt. Eine Portion von unserem Gericht sind ungefähr 300 g. **SIE SPAREN EIN DRITTEL** der Kalorien, wenn Sie damit 300 Gramm TK-Rahmwirsing ersetzen, und essen nur ein Drittel des Fetts.

Frisch kochen lohnt sich: Pro Portion 65 Kalorien und fast **7 GRAMM FETT** gespart und fast doppelt so viele Ballaststoffe bekommen.

GRÜNKOHLGEMÜSE MIT MARONEN

Für 4 Portionen:
750 g Grünkohl
Salz
350 g Zwiebeln
1 EL Gänseschmalz (oder Rapsöl)
300 ml Fleisch- oder Gemüsebrühe (siehe S. 203)
100 g Maronen
    (fertig gegart, vakuumverpackt oder Konserve)
Pfeffer, Piment

1. Grünkohlblätter von den harten Rippen streifen, gründlich waschen und grob hacken. In kochendes Salzwasser geben, 10 Minuten kochen, abgießen und abtropfen lassen. Die Zwiebeln schälen und in Scheiben schneiden.
2. Gänseschmalz in einem ausreichend großen Topf erhitzen und die Zwiebeln darin glasig dünsten. Grünkohl und Brühe zugeben und den Kohl zugedeckt 45 Minuten bei milder Hitze garen. Die Maronen zugeben und kurz erhitzen. Das Gemüse mit Salz, Pfeffer und etwas Piment abschmecken.

Pro Portion: 6 g Eiweiß, 5 g Fett, 17 g Kohlenhydrate, 8 g Ballaststoffe = 144 Kalorien

Variante 1: Als leichte Beilage Grünkohl statt mit Maronen mit 50 mageren Schinkenwürfelchen garen.
Variante 2: Fans der asiatischen Küche lassen die Maronen weg und schmoren ein Stück feingehackte Ingwerwurzel mit.

RAHMWIRSING MIT SENF VT

Für 3 Portionen:
1 kleiner Wirsingkohl (1 kg)
200 ml Gemüsebrühe (siehe S. 203)
1 gehäufter TL Mehl
50 g Frischkäse (17 % Fett)
1 TL Senf
Salz, Pfeffer

1. Unansehnliche Blätter vom Wirsing ablösen. Den Kohl vierteln, den Strunk keilförmig herausschneiden. Kohl waschen, die Blätter in Streifen oder Rauten schneiden, dabei sehr dicke Blattrippen entfernen.
2. Die Brühe in einem großen Topf aufkochen und den Wirsing zugeben. Den Kohl darin zugedeckt bei mittlerer Hitze 6 bis 8 Minuten garen.
3. Das Mehl mit 3 EL kaltem Wasser anrühren und unter Rühren zum Wirsing geben. Aufkochen und das Gemüse mit Deckel weitere 5 Minuten garen. Die Garflüssigkeit in eine Schüssel abgießen, mit Frischkäse und Senf verquirlen und zurück zum Wirsing in den Topf geben. Noch einmal erwärmen, nicht mehr kochen lassen. Mit Salz und Pfeffer würzen.

Pro Portion: 8 g Eiweiß, 3 g Fett, 10 g Kohlenhydrate, 7 g Ballaststoffe = 107 Kalorien

Varianten: Spitzkohl, Chinakohl, Pak Choi oder Mangold nach diesem Rezept zubereiten.
Auch gut: Den Kohl mit frischem Lorbeer, Zitronenschale, Thymian, Rosmarin oder Bohnenkraut garen.

LEICHTE Mahlzeiten erhöhen das Denkvermögen.

DAS MITTAGESSEN

VOM AUSSTERBEN BEDROHT

Ein Frühstück ist wichtig. Klar. Aber das Mittagessen eben auch! Oft genug hasten wir in die Kantine oder in ein Schnellrestaurant, essen gedankenlos irgendwas am Schreibtisch, leeren zu Hause einen Teller im Stehen – oder wir verkneifen uns den Hunger ganz. Jeder Dritte nimmt sich mittags überhaupt keine Zeit zum Essen. Doch wenn ganze Mahlzeiten ausfallen, steigt das Risiko für Heißhungeranfälle.

VERZICHT MACHT DICK

Anstelle einer ausgiebigen Mahlzeit langen viele von uns jedes Mal zu, wenn etwas Essbares in Sicht kommt. Wir tun es, obwohl uns die Vernunft etwas anderes rät, weil die Eigenarten unseres Steinzeitgehirns uns immer wieder in die Snack-Falle locken. Doch das Essen ohne feste Mahlzeiten, das Abgrasen von allem, das einem gerade in Blickweite gerät, lässt uns zunehmen. Will man das vermeiden, ist es gar nicht so wichtig, dass man mittags jede Kalorie einzeln abzählt, sondern dass man sich in Ruhe und bewusst eine richtige Mahlzeit gönnt.

GÄNGE EINLEGEN

Ein echtes Retro-Mittagessen besteht aus Suppe, Hauptgericht und Dessert. Diese drei Gänge sind ideal, wenn man satt werden und trotzdem abnehmen will. Denn so getaktet schaltet der Kopf auch bei schmalem Kalorienbudget auf vollen Genuss. Also erst einen Salat oder eine Suppe als Vorgericht wählen, um den Magen zu füllen, danach eine dezente Portion vom Hauptgang essen und am Schluss zum Verwöhnen ein klitzekleines Dessert oder ein Stück Obst.

GEGEN HEKTIK

Wer sich keine Zeit nimmt, sich rechtzeitig um ein gutes und gesundes Essen zu kümmern, isst natürlich, was sich gerade bietet, wenn der Hunger ihn bedrängt. Es heißt also tapfer sein. Dazu gehört vorsorgen: Den Terminkalender anders einteilen, ein paar Tage vorher überlegen, was man essen möchte, die Einkäufe dafür organisieren und rechtzeitig Proviant für die Lunchbox vorbereiten.

LUNCHBOX

DIE BESTEN BUTTERBROTE kommen aus der eigenen Küche. Super lecker, extra leicht, total ausgewogen – und immer erschwinglich.

PERFEKT!
Krautsalat ist ein kalorienarmer würziger Belag (hier von Roggenbaguette), der Fett einspart und Brote bei längerem Transport saftig frisch hält.

Top-quelle für
VITAMINE

Die Eier für das Eibrot mit Paprika schon **AM VORABEND** kochen, hacken und mit Senf verrühren. Dann geht das Broteschmieren am nächsten Morgen blitzschnell.

Nobles, sehr
SAFTIGES BROT
mit reichlich Ballaststoffen. Schinken-Sandwich mit Honigmelone, Käse und Mandeln.

Roggenbrot plus würziger Aufstrich aus Thunfisch und Appetitsild: Mit über 20 Gramm Eiweiß und 9 Gramm Ballaststoffen ein leckerer Sattmacher, der **ULTRALANGE** vorhält.

Extra viel
PROTEIN

Extra viele
OMEGA-3-FETTSÄUREN

Belegte Brötchen aus dem Backshop sind selten so abwechslungsreich, **LECKER UND SÄTTIGEND** wie die Hausmacher-Variante, hier unsere Roggenstange mit Forellencreme. Oft ist der Belag fett, der Vollkorn- und Gemüseanteil verschwindend gering.

ROGGENBAGUETTE MIT KRAUTSALAT UND KASSELER

Für 4 Portionen:
250 g Krautsalat in klarer Marinade (Kühltheke)
2 EL Ajvar (rote Paprikapaste; Glas)
1 Apfel
1 Roggenbaguette (250 g)
150 g magerer Kasseler Aufschnitt

1. Den Krautsalat auf einem Sieb abgießen, gut abtropfen lassen, wenn nötig, etwas ausdrücken und das Kraut in eine Schüssel geben. Ajvar untermischen.
2. Den Apfel waschen, vierteln und das Kerngehäuse herausschneiden. Ungeschält in dünne Scheiben schneiden.
3. Baguette in 4 Stücke schneiden, jedes Stück quer halbieren. Apfelscheiben, Krautsalat und Kasseler auf die unteren Hälften verteilen und die oberen Hälften daraufsetzen. Zum Mitnehmen die Brote einzeln fest in Klarsichtfolie wickeln und in eine Dose geben.

Pro Portion: 12 g Eiweiß, 3 g Fett, 40 g Kohlenhydrate, 5 g Ballaststoffe = 250 Kalorien

Ajvar: Die würzige rote Paste besteht meist aus Paprikaschoten und Gewürzen. Sie eignet sich als saftiger Brotaufstrich und ersetzt Butter oder Margarine.

EIBROT MIT PAPRIKA [VT]

Für 1 Portion:
2 Eier
1 EL milder Senf
gemahlener Kardamom
2 große Scheiben Roggenmischbrot
(etwa 130 g)
½ Paprikaschote
2–3 Salatblätter

1. Die Eier in 8 Minuten hart kochen, abgießen, die Schale rundherum anschlagen und die Eier in kaltes Wasser legen: So lassen sie sich nach einer Minute leicht schälen.
2. Die Eier grob zerkleinern und zusammen mit dem Senf pürieren. Mit Kardamom abschmecken.
3. Beide Brotscheiben mit der Eiercreme bestreichen. Die Paprikaschote in feine Streifen schneiden und auf 1 Scheibe verteilen, die zweite Hälfte darüberklappen. Das Eibrot halbieren und jede Hälfte fest in Frischhaltefolie wickeln.

Pro Portion: 26 g Eiweiß, 13 g Fett, 65 g Kohlenhydrate, 10 g Ballaststoffe = 492 Kalorien

Zum Essen die Frischhaltefolie nur auf einer Seite öffnen, damit die saftige Füllung nicht ausläuft.

ROGGENSTANGE MIT FORELLENCREME

Für 1 Portion:
1 kleine Gewürzgurke
1 geräuchertes Forellenfilet
2 EL Magerquark
1–2 TL Meerrettich
(Glas oder Tube)
Salz, Pfeffer
1 Roggenstange
frische Kresse nach Geschmack

1. Gewürzgurke fein würfeln. Das Forellenfilet mit einer Gabel zerdrücken.
2. Quark mit Meerrettich verrühren, mit Salz und Pfeffer würzen.
3. Die Roggenstange halbieren. Beide Seiten mit Meerrettichquark bestreichen, Forelle und Gurkenwürfel darauf verteilen. Dick mit Kresse bestreuen und die zweite Hälfte der Stange daraufsetzen. Fest in Frischhaltefolie einwickeln.

Pro Portion: 24 g Eiweiß, 3 g Fett, 37 g Kohlenhydrate, 7 g Ballaststoffe = 282 Kalorien

THUNFISCHBROTE MIT APPETITSILD

Für 1 Portion:
1 kleine Dose Thunfisch im eigenen Saft (Abtropfgewicht 56 g)
15 g Appetitsild
1 EL Tomatenmark
Pfeffer
2 Scheiben Roggenvollkornbrot
einige Blättchen Basilikum
2 Salatblätter

1. Thunfisch und Appetitsild abtropfen lassen und in eine Schüssel geben. Mit einer Gabel die Zutaten zerkleinern und mit Tomatenmark verrühren, sodass eine streichfähige Creme entsteht. Kräftig pfeffern.
2. Beide Roggenbrotscheiben mit der Thunfischcreme bestreichen. Mit Basilikum und Salatblättern belegen und zusammenklappen. Die Klappstulle einmal durchschneiden und fest in Frischhaltefolie wickeln.

Pro Portion: 23 g Eiweiß, 2 g Fett, 40 g Kohlenhydrate, 9 g Ballaststoffe = 280 Kalorien

SCHINKEN-SANDWICH MIT HONIGMELONE

Für 1 Portion:
1 EL Petersilienblättchen
½ EL Mandeln
1 fettarme Schmelzkäseecke (25 g)
2 Scheiben Weizenvollkornbrot
Pfeffer
1 Stück Honigmelone (ca. 50 g)
30 g hauchdünn geschnittenen Serano- oder Parmaschinken

1. Petersilie und Mandeln grob hacken. Den Käse auf beide Brotscheiben streichen. Mit Mandeln und Petersilie bestreuen, mit Pfeffer würzen.
2. Die Melone in hauchdünne Spalten schneiden. Den Schinken in Streifen schneiden. Beide auf 1 Scheibe Brot verteilen, die andere Scheibe darauflegen und etwas andrücken. Die Brote halbieren und fest in Frischhaltefolie wickeln.

Pro Portion: 22 g Eiweiß, 15 g Fett, 49 g Kohlenhydrate, 9 g Ballaststoffe = 425 Kalorien

Schmeckt auch mit Kochschinken und Birnenspalten belegt.

EIER IN FORM

DER SUPERSIMPLE Eier-Brösel-Teig ist in weniger als einer Minute gerührt und gerät nach dem Backen luftig und saftig zugleich.

PRO PORTION:
104 KALORIEN

VARIANTE 1:
Für Eier-Spinat-Muffins 125 g aufgetauten, gut ausgedrückten Blattspinat, 100 g Hüttenkäse und eine halbe zerdrückte Knoblauchzehe unter den Teig mischen.

PRO PORTION:
108 KALORIEN

VARIANTE 2:
Für Eier-Schinken-Muffins einen gehäuften EL Magerquark, 50 g magere Schinkenwürfel, 50 g aufgetaute TK-Erbsen und eine fein geschnittene Lauchzwiebel unter den Teig mischen.

HÜHNEREIER:
Unter der glatten Schale steckt ein perfektes Geschenk der Natur: Eier liefern eine dicke Portion der sonst oft knappen Vitamine B$_{12}$ und D sowie die Spurenelemente Eisen und Selen.

Den Cholesterinspiegel steigern Eier nicht – auch wenn das früher oft behauptet wurde; dafür sorgt ihr natürlicher Gehalt an **LECITHIN.**

GRUNDREZEPT
EIER-MUFFINS

Für 6 Portionen:
4 Eier
4 EL Semmelbrösel
(siehe S. 217)
Salz, Pfeffer
6 Papierbackförmchen
20 g geriebener Käse (30 % Fett)
zum Bestreuen

1. Backofen auf 200 °C vorheizen. Eier mit Semmelbrösel verschlagen und würzen.
2. Teig in sechs mit Papierbackförmchen ausgelegte Vertiefungen eines Muffinblechs verteilen.
3. Im Backofen bei 200 °C 10 Minuten backen. Die Oberfläche mit Käse bestreuen und weitere 10 bis 15 Minuten backen.

Pro Portion: 6 g Eiweiß, 4 g Fett, 5 g Kohlenhydrate, 1 g Ballaststoffe = 86 Kalorien

Schmeckt gut mit viel Gemüse: Also beispielsweise 100 bis 150 Gramm geraspelte Möhren, Lauch, gehackte frische Champignons oder Maiskörner untermischen. Auch gut mit gewürfelten getrockneten Tomaten, gehackten Kräutern, gegartem Hähnchen oder anderen mageren Fleischresten.

MITNEHMEN UND ABNEHMEN

Couscous, die nordafrikanische Getreidespezialität aus feinem Weizengrieß, gibt den Muffins Biss. **ABWECHSLUNG** bringen Kräuter der Saison und andere Gewürze in dieses unkomplizierte Rezept für einen ausgewogenen Mittagsimbiss.

FÜR DIE LUNCHBOX

IN 10 MINUTEN selbstgemacht: Tortillarollen mit Hähnchen und Chicorée

Ideal zum **EINFRIEREN.** Haltbarkeit etwa 6 Monate

GEMÜSE-MUFFINS

Für 12 Stück:

2 kleine Möhren (ca. 175 g)
1 Zwiebel
150 g Staudensellerie
1 EL Rapsöl
500 ml Knochenbrühe
    (oder andere Sorte, siehe S. 205)
Kreuzkümmel
200 g Couscous (instant)
100 g magere Schinkenwürfel
3 Eier
12 Papierbackförmchen
3 Stiele Dill

1. Backofen vorheizen auf 200 °C (180 °C Umluft). Möhren und Zwiebel schälen und fein würfeln. Staudensellerie putzen, der Länge nach vierteln und fein schneiden. Öl erhitzen und das Gemüse darin bei milder Hitze 5 Minuten dünsten.
2. Die Brühe mit 1 Prise Kreuzkümmel aufkochen, über den Couscous gießen und etwa 5 Minuten quellen lassen. Gemüse- und Schinkenwürfel zufügen. Eier untermischen.
3. Papierförmchen in die Mulden eines Muffinblechs setzen, die Couscousmischung hineinfüllen und glatt streichen. Auf jeden Muffin 1–2 Dillfähnchen legen und leicht in den Teig drücken. Die Muffins 25 bis 30 Minuten backen.

Pro Stück: 5 g Eiweiß, 3 g Fett, 13 g Kohlenhydrate, 2 g Ballaststoffe = 103 Kalorien

Dazu schmeckt Kräuterquark oder Hüttenkäse.

TORTILLAROLLEN MIT HÄHNCHEN UND CHICORÉE

Für 2 Portionen:

1 Chicorée (150 g)
1 Lauchzwiebel
2 EL Ketchup
1 EL Olivenöl
2 Tortillas (siehe S. 209)
100 g Hähnchenbrust in Scheiben (Aufschnitt)

1. Den Chicorée waschen, Stielansatz und unansehnliche Blätter entfernen und den Kolben mitsamt dem Strunk in feine Streifen schneiden. Lauchzwiebel putzen und fein schneiden.
2. Ketchup mit Olivenöl verrühren und auf die Tortillas streichen. Mit Hähnchenbrustscheiben, Chicoréesalat und Zwiebeln belegen und aufrollen.
3. Die Rollen fest in Backpapier oder doppeltes Butterbrotpapier einrollen, dabei die Enden des Papiers wie bei einem Bonbon fest zudrehen. Die Rollen in der Mitte schräg durchschneiden. Essen kann man sie direkt aus dem Papier.

Pro Portion: 17 g Eiweiß, 6 g Fett, 25 g Kohlenhydrate, 1 g Ballaststoffe = 230 Kalorien

DIP STATT DICK

ROHKOST zum Dippen: Was die Franzosen Crudités nennen, nämlich handlich zugeschnittenes rohes Gemüse, ist auch ideal als magenfüllende Vorspeise. Die erfrischende Kost gibt den Zähnen etwas zu tun und füllt den Magen mit nahezu null Kalorien, während man aufs Essen wartet.

Gut als Mittagessen im Job oder in der Schule: Eine der **WÜRZIGEN** Cremes als Dip mit Gemüsesticks oder Knusperknäckebrot in die Lunchbox packen.

KICHERERBSEN-KORIANDER-CREME VGN

Für 3 Portionen:
1 kleine Dose Kichererbsen
   (240 g Abtropfgewicht)
100 ml Gemüsesaft
2 EL Korianderblättchen
   (oder Schnittlauchröllchen)
1 EL Kürbiskerne
Salz, Currypulver, Tabasco

1. Kichererbsen abtropfen lassen und mit dem Gemüsesaft in ein hohes Gefäß geben. Mit dem Stabmixer fein pürieren.
2. Koriander und Kürbiskerne hacken, unter die Creme heben und mit Salz, Curry und Tabasco kräftig abschmecken.

Pro Portion: 7 g Eiweiß, 4 g Fett, 15 g Kohlenhydrate, 4 g Ballaststoffe = 135 Kalorien

MÖHRENCREME MIT MEERRETTICH VT

Für 3 Portionen:
350 g Möhren
125 ml Gemüsebrühe
   (siehe S. 203)
¼ TL Guarkernmehl
2 EL fettarmer Joghurt (1,5 %)
1 EL Weizenkleie
2–3 TL Meerrettich
   (Glas oder Tube)
3 EL Petersilienblättchen
Salz, Pfeffer

1. Die Möhren schälen, klein schneiden und in der Brühe 15 bis 20 Minuten zugedeckt garen.
2. Möhren und Brühe etwas abkühlen lassen und zusammen mit Guarkernmehl, Joghurt, Kleie und Meerrettich pürieren. Petersilie hacken, unterheben und die Creme mit Salz und Pfeffer abschmecken. Die Creme in ein Schälchen oder zum Mitnehmen in eine dicht schließende Kunststoffbox füllen.

Pro Portion: 2 g Eiweiß, 1 g Fett, 8 g Kohlenhydrate, 4 g Ballaststoffe = 50 Kalorien

LEICHTE ERDNUSSCREME VT

Für 3 Portionen:
1 Süßkartoffel (ca. 350 g)
Salz
1 gehäufter EL Erdnusscreme
½ Knoblauchzehe
1 EL fettarmer Joghurt (1,5 %)
2 EL Sojasauce
Pfeffer, Zitronensaft

1. Die Süßkartoffel schälen, klein schneiden und in wenig Salzwasser 15 Minuten zugedeckt garen.
2. Süßkartoffel etwas abkühlen lassen und abgetropft zusammen mit Erdnusscreme, zerdrücktem Knoblauch, Joghurt und Sojasauce im Blitzhacker oder mit dem Stabmixer pürieren. Mit Salz, Pfeffer und Zitronensaft abschmecken.

Pro Portion: 6 g Eiweiß, 8 g Fett, 32 g Kohlenhydrate, 5 g Ballaststoffe = 239 Kalorien

Die Creme schmeckt auch als Brotaufstrich und passt gut zu den Gemüse-Muffins auf Seite 85.

SCHNELLE SALATE MIT GETREIDE

ROTER COUSCOUS MIT KRÄUTERN

Salate aus vorgegartem Weizen sind ideal: Morgens in eine Box geben, mittags die Kräuter unterheben. Die **LEICHTEN** Gerichte halten sich 2 bis 3 Tage im Kühlschrank, lassen sich vielseitig abwandeln und sind auch gut für Gäste.

EXTRA-TIPP:
Mit 25 Gramm fettarmem Feta oder Räuchertofu in Würfeln wird der Salat zu einer runden Mahlzeit. Macht zusätzlich etwa 40 Kalorien pro Portion.

ROTER COUSCOUS MIT KRÄUTERN VGN

Für 2 Portionen:
140 g Couscous (instant)
250 ml Tomatensaft
1 EL Oliven- oder Rapsöl
150 g Zucchini
Salz, Pfeffer
2 EL gehacktes Basilikum (oder glatte Petersilie)
100 g kleine Tomaten

1. Couscous mit kaltem Tomatensaft und Öl verrühren. Zucchini kappen, längs halbieren, erst in Scheiben, dann in Stifte schneiden, mit dem Couscous vermischen. Eine Portion in den Kühlschrank geben, die zweite in eine Box zum Mitnehmen. Kräuter waschen, trocken schleudern, grob hacken und darauflegen.
2. Zur Pause alles mit Salz und Pfeffer abschmecken. Kräuter untermischen, ebenso geschnippelte Tomaten, das macht den Salat frischer. Zu trocken geworden? Dann etwas Tomatensaft dazugeben.

Pro Portion: 11 g Eiweiß, 6 g Fett, 54 g Kohlenhydrate, 6 g Ballaststoffe = 328 Kalorien

Variante: Mit gehackter Minze würzen und dünne Scheiben von frischer Gurke unterheben.

Tipp: Couscous gelingt auch ohne Kochen, nur mit Einweichen in Saft oder Brühe. Um sich vollzusaugen, braucht er etwa 30 Minuten. Kräuter und Tomaten erst kurz vor dem Verzehr untermischen.

WEIZENSALAT MIT SHRIMPS UND PAPAYA

Für 2 Portionen:
100 g Zartweizen
Salz
2 rote Zwiebeln
1 Papaya (ca. 300 g)
150 ml Gemüsebrühe (siehe S. 203)
4 EL Zitronensaft
4 TL Olivenöl
Cayennepfeffer, Zucker
100 g Shrimps oder Nordseekrabben (gegart)
2 EL gehackte glatte Petersilie

1. Zartweizen in kochendes Salzwasser geben, etwa 10 Minuten garen und auf einem Sieb abgießen. Zwiebeln schälen und in dünne Ringe schneiden. Papaya schälen, die Kerne entfernen, Papaya würfeln. Gemüsebrühe mit Zitronensaft und Öl verrühren, mit Salz, Cayennepfeffer und 1 Prise Zucker würzen.
2. Weizen, Zwiebeln, Papaya und Shrimps mit der Salatsauce mischen, eine Portion sofort essen, die andere in ein Schraubglas oder eine dichte Box füllen. Die Petersilienblättchen auf den Salat streuen und erst kurz vor dem Essen unterheben.

Pro Portion: 17 g Eiweiß, 8 g Fett, 48 g Kohlenhydrate, 6 g Ballaststoffe = 339 Kalorien

Vegane Variante: Die Krabben einfach gegen Würfel von geräuchertem Tofu austauschen.

Herbstliche Variante: Statt mit Papaya schmeckt der Salat auch mit eingelegtem Kürbis.

TUPPERFISCH MITNEHMEN

Mit 450 Gramm bringt dieser Matjessalat **RICHTIG VIEL** auf den Teller, trotzdem spart man im Vergleich zum Klassiker mit einer Kartoffelbeilage rund 30 Gramm Fett und 430 Kalorien. Das Beste daran: Unsere leichte Version liefert doppelt so viele Omega-3-Fettsäuren.

MAKRELENSALAT

EXTRA-TIPP:

Am besten schmecken Makrelen frisch aus dem Rauch. Verpackte Ware nicht mehr kaufen, wenn das Mindesthaltbarkeitsdatum schon naht.

LEICHTER MATJESSALAT

Für 2 Portionen:
400 g Kartoffeln (festkochende Sorte,
    oder Pellkartoffeln vom Vortag)
Salz
3 Matjesfilets (200 g)
½ Salatgurke
1 Becher fettarmer Joghurt (150 g; 1,5 %)
1–2 EL Zitronensaft
½ TL Curry
Pfeffer, Zucker
1 EL Schnittlauchröllchen

1. Kartoffeln waschen und in Salzwasser 20 Minuten kochen. Abgießen, kurze Zeit in kaltes Wasser legen, Schale abziehen und die Kartoffeln in kleine Stücke schneiden. Abkühlen lassen.
2. Matjesfilets kalt abspülen, trocken tupfen und würfeln. Die Gurke schälen, der Länge nach halbieren, die Kerne mit einem Löffel herausschaben und die Gurke würfeln.
3. Joghurt mit Zitronensaft und Curry verrühren. Mit Pfeffer und Zucker abschmecken (nicht salzen).
4. Matjes, Kartoffeln und Gurke in eine Salatschüssel geben und mit dem Zitronenjoghurt übergießen. Alles gut durchmischen, mit Schnittlauch bestreuen. Zusammen mit einer Eisbatterie in die Lunchbox packen.

Pro Portion: 22 g Eiweiß, 22 g Fett, 31 g Kohlenhydrate, 3 g Ballaststoffe = 426 Kalorien

MAKRELENSALAT

Für 3 Portionen:
1 Ei
1 große Zwiebel
200 g geräucherte Makrele
½ Paprikaschote
1 Gewürzgurke (ca. 50 g)
1 EL Maiskörner
1 EL saure Sahne (10 % Fett;
    oder Sauerrahm, siehe S. 197)
2 EL fettarmer Joghurt (1,5 %)
3 Tomaten

1. Das Ei in 8 Minuten hart kochen, abgießen, rundherum anknicken, kurz in kaltes Wasser legen und schälen. Die Zwiebel schälen.
2. Makrele, Ei, Zwiebel, Paprikaschote und Gewürzgurke würfeln oder grob hacken. Maiskörner untermischen. Saure Sahne und Joghurt verrühren und über den Fischsalat gießen.
3. Die Tomaten waschen und vierteln. Zum Mitnehmen für jede Portion die Tomatenstücke und den Makrelensalat separat in eine Transportbox füllen. Später zusammen essen.

Pro Portion: 17 g Eiweiß, 22 g Fett, 7 g Kohlenhydrate, 2 g Ballaststoffe = 305 Kalorien

Makrelen liefern kostbare Omega-3-Fettsäuren, aber auch viel Fett. Zu diesem saftigen Salat braucht man deshalb nur eine Scheibe Vollkornbrot ohne Aufstrich, um rundherum satt zu werden.

SALATKLASSIKER MIT SCHNICKSCHNACK

FÜR DIE LUNCHBOX

Mehr Ballaststoffe, **WENIGER FETT**

Nichts spricht gegen vorgekochte Linsen aus der Konserve. Sie sparen **ZEIT UND ENERGIE** – eine Super-Basis für kulinarisches Fast Food aus der eigenen Küche. Beim Selberkochen gilt: Für 250 g gegarte Hülsenfrüchte braucht man etwa 100 g getrocknete.

Im Vergleich zum Klassiker kommt dieser Nudelsalat mit 48 Gramm Fett und über **400 KALORIEN WENIGER** aus. Spart aber nicht am Geschmack!

LINSENSALAT MIT KAPERN ^{VGN}

Für 2 Portionen:

2 Lauchzwiebeln
2 helle Stangen Staudensellerie
2 TL Kapern in Lake, nach Geschmack mehr
200 g gekochte dunkle Linsen (siehe S. 145)
4 TL Olivenöl
Salz, Pfeffer,
1–2 EL milder Rotweinessig (Balsamessig)
200 g kleine Tomaten

1. Lauchzwiebeln und Stangensellerie waschen, die Stielenden entfernen, beide Gemüse in feine Scheiben schneiden. Kapern abspülen und grob hacken. Alles unter die Linsen mischen, ebenso das Öl. Mit Salz, Pfeffer und Essig abschmecken.

2. Die Tomaten achteln oder noch kleiner schneiden und unter den Linsensalat mischen. Mindestens eine halbe Stunde durchziehen lassen.

Pro Portion: 11 g Eiweiß, 7 g Fett, 25 g Kohlenhydrate, 7 g Ballaststoffe = 214 Kalorien

Variante: Tomaten und Kapern weglassen. Zusätzlich 50 g rote Linsen in 5 Minuten bissfest kochen, abgießen und unter die dunklen Linsen mischen, dazu wie oben Selleriestangen und Lauchzwiebeln und ebenso mit Olivenöl, Essig, Salz und Pfeffer abschmecken.

NUDELSALAT MIT ERDNUSS-DRESSING ^{VGN}

Für 2 Portionen:

125 g Vollkornnudeln (z. B. Linguine)
Salz
1 Möhre
½ rote Paprikaschote
1 Selleriestange
2 Schalotten
1–2 EL Korianderblättchen (oder glatte Petersilie)
1 EL Erdnusscreme
1 EL Sojasauce
1 TL Honig
½ EL Reis- oder Apfelessig
½ EL geröstetes Sesamöl
1 Knoblauchzehe
Salz, Cayennepfeffer

1. Die Nudeln in leicht gesalzenem Wasser garen. Abgießen, dabei etwa 125 ml Kochwasser auffangen und beiseitestellen. Möhre, Paprikaschote und Sellerie putzen und fein zerkleinern. Schalotten schälen und in feine Scheiben schneiden.

2. Für das Dressing Korianderblättchen, Erdnusscreme, Sojasauce, Honig, Essig, Sesamöl, zerdrückten Knoblauch, Salz und 1 Prise Cayennepfeffer fein pürieren.

3. Das Kochwasser mit dem Dressing verrühren, dann die Nudeln, Möhre, Paprika, Sellerie und Schalotten daruntermischen. Eventuell eine Portion in eine Frischhaltebox zum Mitnehmen geben, die andere kalt stellen. Vor dem Servieren 1 Stunde durchziehen lassen.

Pro Portion: 13 g Eiweiß, 10 g Fett, 47 g Kohlenhydrate, 11 g Ballaststoffe = 345 Kalorien

SALATE, DIE MITGEHEN

KNACKIG BUNTER PROVIANT statt Kantine. Als Mittagsimbiss verleihen diese Salate Kraft für die zweite Hälfte des Tages.

Kohlsalat mit Blauschimmelkäse: Macht wenig Arbeit und bietet in der Mittagspause viel **KNACKIGEN GENUSS.** Gut verpackt hält sich dieser herzhafte Salat mindestens 3 Tage im Kühlschrank frisch.

Top-quelle für VITAMIN C

Top-quelle für BALLAST-STOFFE

ROSMARIN-TOMATEN-GEMÜSE

Extra viel PROTEIN

BOHNENSALAT MIT RÄUCHERLACHS

Im Vergleich zum fertigen Kartoffelsalat in Essig-Öl-Marinade kann man hier etwa **80 % FETT SPAREN** und nimmt auch weniger als die Hälfte der Kalorien zu sich. Je nach Kartoffelsorte saugt der Salat mehr oder weniger Flüssigkeit auf. Eventuell vor dem Servieren noch etwas Brühe untermischen.

ROSMARIN-TOMATEN-GEMÜSE VGN

Für 1 Portion:

2 Stangen Staudensellerie
1 Zucchini
1 rote Paprikaschote
2 Lauchzwiebeln
2 TL Rapsöl
200 g passierte Tomaten
1 Zweig frischer Rosmarin
Salz, Pfeffer
3 Scheiben Knäckebrot

1. Das Gemüse putzen, Sellerie in Scheiben schneiden, Zucchini und Paprikaschote würfeln. Frühlingszwiebeln in dünne Ringe schneiden.

2. Das Öl in einer Pfanne erhitzen und das Gemüse, bis auf die Frühlingszwiebeln, darin 5 Minuten mit Deckel dünsten.

3. Passierte Tomaten zugeben und einen Rosmarinzweig zum Parfümieren, aufkochen und die Pfanne von der Herdplatte ziehen. Mit Salz und Pfeffer würzen und in eine Lunchbox füllen. Frühlingszwiebeln darüberstreuen und erst direkt vor dem Essen unterheben. Rosmarinzweig vor dem Essen entfernen.

4. Das Knäckebrot zum Mitnehmen in Frischhaltefolie wickeln und dazu essen.

Pro Portion: 11 g Eiweiß, 8 g Fett, 37 g Kohlenhydrate, 15 g Ballaststoffe = 273 Kalorien

KOHLSALAT MIT BLAUSCHIMMELKÄSE VT

Für 4 Portionen:

350 g Weiß- oder Rotkohl
2 Äpfel
1 Becher fettarmer Joghurt (150 g; 1,5 %)
3 EL Essig
1 TL Mayonnaise
2 TL Zucker
½ TL Tabasco
½ TL Salz
30 g Blauschimmelkäse

1. Den Kohl putzen, grobe Blattrippen entfernen und die Blätter in sehr feine Streifen schneiden. Äpfel schälen, entkernen und in dünne Spalten oder Stifte schneiden.

2. Joghurt mit Essig, Mayonnaise, Zucker, Tabasco und Salz in einer großen Schüssel mischen. Den zerbröckelten Blauschimmelkäse unterrühren.

3. Kohl und Äpfel zur Sauce geben, durchmischen und vor dem Servieren gut durchziehen lassen.

Pro Portion: 4 g Eiweiß, 4 g Fett, 21 g Kohlenhydrate, 4 g Ballaststoffe = 142 Kalorien

BOHNENSALAT MIT RÄUCHERLACHS

Für 1 Portion:
150 g grüne Bohnen
5 EL Gemüsebrühe (siehe S. 203)
2 TL Rapsöl
2 TL mittelscharfer Senf
2 EL gehackter Dill
Salz, Pfeffer, Zucker
50 g Champignons
50 g Räucherlachs
1 Vollkornbrötchen

1. Die Bohnen putzen und in mundgerechte Stücke brechen. In kochendem Salzwasser in 8 bis 10 Minuten bissfest garen, abtropfen und abkühlen lassen.
2. Brühe mit Öl, Senf und Dill verrühren, mit Salz, Pfeffer und einer Prise Zucker würzen. Die Sauce in ein Schraubglas füllen, die Bohnen ebenfalls einfüllen.
3. Champignons in Scheiben, Räucherlachs in Streifen schneiden und zu den Bohnen geben, nicht umrühren.
4. Den Salat erst kurz vor dem Essen umrühren, das Brötchen dazu essen.

Pro Portion: 21 g Eiweiß, 14 g Fett, 36 g Kohlenhydrate, 8 g Ballaststoffe = 363 Kalorien

KARTOFFELSALAT MIT TOMATEN UND RAUKE

Für 4 Portionen:
800 g vorwiegend festkochende Kartoffeln
Salz, Pfeffer
150 ml Rinderbrühe (siehe S. 205)
3–4 EL Weißweinessig
1 Bund Frühlingszwiebeln
100 g Kirschtomaten
½ Salatgurke
50 g Rauke (Rucola)
1 EL Mais (Dose)
2 EL Rapsöl

1. Die Kartoffeln waschen und in Salzwasser 20 Minuten kochen. Abgießen, noch warm schälen und würfeln.
2. Brühe erhitzen und mit Salz, Pfeffer und Essig sehr kräftig abschmecken. Die Essigbrühe über die Kartoffeln gießen, beiseitestellen.
3. Frühlingszwiebeln in feine Ringe schneiden, Tomaten waschen und halbieren. Gurke waschen und würfeln. Rauke klein schneiden. Alles mit Mais und Öl zum Salat geben und gut durchmischen. Abschmecken und bald servieren.

Pro Portion: 4 g Eiweiß, 5 g Fett, 30 g Kohlenhydrate, 4 g Ballaststoffe = 196 Kalorien

SCHNELLE DRESSINGS

LEICHTE ENTSCHEIDUNG: Raffiniert gewürzte Saucen, die mit kleiner Kalorienzahl jeden Salat aufpeppen.

ORANGEN-VINAIGRETTE passt gut zu frisch geraspelter Rohkost aus Sellerie, Möhren, Süßkartoffeln oder Zucchini.

SENF-DRESSING passt gut zu Blattsalaten, Chicorée, Radicchio, Frisee- und Eisbergsalat.

AVOCADO-ESTRAGON-DRESSING passt neben frischen Salaten auch gut zu gekochten Eiern und Pellkartoffeln und zu Eier-Muffins (siehe Seiten 82 f.).

PERFEKT!
Gekühlt halten die Dressings sich etwa 3 Tage frisch. Ausnahme: Avocado-Dressing. Das schmeckt frisch am besten.

Abwechslung aus dem Gemüseladen: Für eine ausgewogene und appetitliche Küche sind Salate unentbehrlich. Frische rohe oder knapp gegarte Gemüse füllen den Magen **AUF LEICHTE ART** und versorgen den Körper mit Vitaminen, Mineral- und Ballaststoffen.

WARMES APFEL-THYMIAN-DRESSING passt gut zu frischen Salaten mit einem Topping aus gebratenem Geflügelfleisch oder Leberstückchen.

PAPRIKA-DRESSING MIT TAMARINDE passt gut zu gemischten Salaten mit Zartweizen, Vollkornreis oder Kartoffeln und zu Champignonsalat.

Wer gern noch mehr **FETT SPAREN** möchte, wählt ein fettfreies Dressing aus dem Kapitel Essentials (Seite 199). Sportlich Aktive und Kinder mit großem Appetit profitieren, wenn man zusätzlich Nüsse oder gehackte Mandeln über den Salat streut.

ZITRONEN-DILL-SAUCE MIT KAPERN passt gut zu bissfest gegartem, lauwarmem Gemüse wie etwa Blumenkohl, grünen Bohnen, grünem Spargel, Roter Bete und Kohlrabi.

AVOCADO-ESTRAGON-DRESSING VT

Für 6 Portionen:
½ weiche Avocado
150 ml Buttermilch
¼ – ½ Knoblauchzehe
1 – 2 EL Estragonblätter (oder
    z. B. Liebstöckel, Petersilie,
    Pimpinelle oder Portulak)
Salz, Pfeffer
½ TL Honig
½ Kästchen Kresse

1. Die Avocado schälen, klein schneiden. Mit der Buttermilch, dem Knoblauch und dem Estragon in einen Mixbecher geben. Alles pürieren und für eine schaumige Beschaffenheit kräftig durchmixen.
2. Die Sauce mit Salz, Pfeffer und Honig abschmecken, noch einmal durchmixen und mit abgeschnittener Kresse bestreut sofort servieren.

Pro Portion 1 g Eiweiß, 2 g Fett, 2 g Kohlenhydrate, 0,5 g Ballaststoffe = 28 Kalorien

Passt gut zu gemischten Salaten mit Nudeln, Kartoffeln und knapp gegarten Gemüsen.

Variante: Anstelle von Buttermilch Kefir verwenden.

SENF-DRESSING VT

Für 3 Portionen:
1 EL milder Senf
2 EL Zitronensaft
125 ml Buttermilch
Salz, Pfeffer, Zucker
1 EL Rapsöl

1. Senf mit Zitronensaft und Buttermilch in einen Mixbecher geben. Pürieren und für eine cremige Beschaffenheit kräftig durchmixen.
2. Das Dressing mit Salz, Pfeffer und 1 Prise Zucker abschmecken. Öl zufügen und noch einmal aufmixen.

Pro Portion: 2 g Eiweiß, 4 g Fett, 3 g Kohlenhydrate, 0 g Ballaststoffe = 58 Kalorien

Variante 1: Das Dressing mit 1 EL Zucchinipüree (siehe S. 215), abrunden.

Variante 2: Fein geschnittenen Estragon oder Kerbel unter das Dressing mischen.

Passt gut zu Blattsalaten, Chicorée, Radicchio, Frisée- und Eisbergsalat.

ORANGEN-VINAIGRETTE VGN

Für 4 Portionen:
2 unbehandelte Orangen
1 Zitrone
Salz, Pfeffer
1 EL Haselnuss- oder Walnussöl

1. Orange heiß abwaschen und etwa 1 TL Schale abreiben. Beide Orangen und die Zitrone auspressen.
2. Saft und Schale in einen Mixbecher geben. Mit Salz und Pfeffer kräftig abschmecken. Das Öl zufügen und kräftig aufmixen.

Pro Portion: 0 g Eiweiß, 3 g Fett, 5 g Kohlenhydrate, 0 g Ballaststoffe = 48 Kalorien

Variante 1: Mit 1 TL Honig und etwas frisch geriebenem Meerrettich abschmecken.

Variante 2: Etwas gehackte Minze unter das Dressing mischen.

Passt gut zu frisch geraspelter Rohkost aus Sellerie, Möhren, Süßkartoffeln oder Zucchini.

PAPRIKA-DRESSING MIT TAMARINDE VGN

Für 6 Portionen:
125 g Ajvar (Paprikamus
   aus dem Glas)
½ TL Tamarindenpaste
Salz, Pfeffer, Zucker
1 EL Rapsöl

1. Ajvar mit Tamarindenpaste und 3 EL Wasser in einen Mixbecher geben. Mit
dem Stabmixer zu einer glatten Creme aufmixen.
2. Mit Salz, Pfeffer und 1 Prise
Zucker kräftig abschmecken.
Öl untermixen. Vor dem Servieren noch einmal durchrühren.

Pro Portion: 0 g Eiweiß, 2 g Fett,
2 g Kohlenhydrate, 1 g Ballaststoffe
= 34 Kalorien

Passt gut zu gemischten Salaten
mit Zartweizen, Vollkornreis oder
Kartoffeln sowie zu Champignonsalat.

WARMES APFEL-THYMIAN-DRESSING VGN

Für 3 Portionen:
200 ml Gemüsebrühe
   (siehe S. 203)
1 Apfel
2 EL Zitronensaft
Pfeffer
½ TL frische Thymianblättchen
   (ersatzweise Oregano)
1 EL Walnussöl
Salz

1. Brühe erhitzen. Apfel schälen und würfeln. In der heißen
Brühe kochen, bis die Apfel-
würfel zerfallen.
2. Zitronensaft, Pfeffer, Thymian und Walnussöl zufügen
und das Dressing mit dem
Stabmixer fein pürieren. Mit
Salz abschmecken.

Pro Portion: 0 g Eiweiß, 3 g Fett,
9 g Kohlenhydrate, 1 g Ballaststoffe, = 72 Kalorien

Variante: Anstelle von Zitronensaft Rotwein- oder Balsamessig
verwenden und statt mit Salz mit
Sojasauce abschmecken.

Passt gut zu frischen Salaten mit
einem Topping aus gebratenem Geflügelfleisch oder Leberstückchen.

ZITRONEN-DILL-SAUCE MIT KAPERN VT

Für 3 Portionen:
½ unbehandelte Zitrone
¼ – ½ Knoblauchzehe
1 Becher fettarmer Joghurt
   (150 g; 1,5 %)
2 TL Kapern
1 – 2 Stiele Dill
Pfeffer, Salz

1. Zitrone auspressen. 2 EL
Zitronensaft mit etwas abgeriebener Zitronenschale, zerdrückter Knoblauchzehe und
Joghurt verrühren.
2. Kapern grob hacken. Dillfähnchen von den Stielen
zupfen, fein schneiden. Kapern und Dill unter das Dressing mischen. Mit Pfeffer und
wenig Salz abschmecken.

Pro Portion: 2 g Eiweiß, 1 g Fett,
3 g Kohlenhydrate, 0 g Ballaststoffe
= 28 Kalorien

Passt gut zu bissfest gegartem,
lauwarmem Gemüse wie etwa Blumenkohl, grünen Bohnen, grünem
Spargel, Roter Bete und Kohlrabi.

FIXE FISCHE (GANZ LEICHT)

OZEANE, SEEN UND FLÜSSE bieten köstlich leichte Vielfalt mit wenig Kalorien und besten Nährstoffen.

MAKRELE mit wenig Fett: Von jeder Seite 10 Minuten braten oder als Filets grillen.

KABELJAUKOTELETT ideal: in stark gesalzenem Wasser 10 Minuten ziehen lassen.

DORADE am besten ganz: Im Ofen 15 bis 18 Minuten bei 180 °C backen.

GARNELEN ganz zart: 1 bis 2 Minuten scharf anbraten, einige Minuten zugedeckt in der Pfanne ohne Hitze nachgaren lassen.

FORELLE traditionell blau: Bläulich schimmert die Haut nach 10 Minuten im leise siedenden Essigwasser.

Lieber kurz halten: Lange Garzeiten nimmt das **ZARTE FLEISCH** übel, es wird hart und zäh. Fisch will gerne sanft garen. Also am besten dämpfen, dünsten oder in heißem Sud ziehen lassen. Im Backofen: In Folie, in Papierpäckchen und im Bratschlauch bleiben Fische saftig.

LACHSFILET superschnell: Antauen lassen und 3 Minuten bei 600 Watt in der Mikrowelle garen.

ZANDER fix und kross: Filet 5 Minuten mit der Hautseite unten in der Pfanne braten.

FILETS schön knusprig: Filets in Hartweizengrieß wenden, 3 Minuten zudeckt braten, dann 3 bis 5 Minuten offen.

FRISCHER FISCH: Sie haben einen Fischhändler Ihres Vertrauens? Super. Der lagert den Fisch bei 0 bis 2 Grad, bei Schmelzeis-Temperatur. Frische Fische haben blanke Augen, festes Fleisch und riechen nur nach Meer, nicht nach Fisch. Nicht immer ist der Fisch bei den Händlern fangfrisch, oft wurde er nur frisch aufgetaut. Das muss angegeben werden. Garnelen, Scampi und Co. gibt es fast nur tiefgefroren. Wichtig: Fisch zuhause immer im kältesten Bereich (0-bis-3-Grad-Zone) des Kühlschranks unterbringen. Meist ist der Kühlschrank wärmer, etwa 6 bis 8 Grad, deshalb Kabeljau und Co. lieber am Kauftag essen.

TIEFKÜHLFISCH wird schon auf hoher See eingefroren. Ein Blick auf das Mindesthaltbarkeitsdatum (MHD) lohnt: Geschmack und Konsistenz ändern sich mit der Zeit, das kann den Genuss deutlich schmälern, vor allem bei fetten Fischen wie etwa Lachs.

ZIEMLICH ERLEICHTERT: ZWEI DEUTSCHE KLASSIKER

Schwerer und fetter: Der klassische **PANNFISCH** bringt 37 Gramm Fett und rund 640 Kalorien mehr auf den Teller.

Das Geheimnis dieses ultraleckeren norddeutschen Klassikers steckt im stark gesalzenen Kochwasser. Es unterstreicht das natürliche Aroma des **KABELJAUS** und sorgt für die saftige, aber angenehm feste Beschaffenheit. Dabei schmeckt der Fisch keineswegs sehr salzig.

Vorteil für die **LEICHTE** Version: 30 % weniger Kalorien und entspannte 75 % weniger Fett.

HAMBURGER PANNFISCH

Für 4 Portionen:
700 g Kartoffeln
600 g Rotbarsch-, Seelachs- oder Lengfischfilet
1 EL Zitronensaft
Salz, Pfeffer
2 EL Öl
200 ml Gemüsebrühe (siehe S. 203)
100 g Vollmilchjoghurt
1 EL milder Senf
2 Eigelb
Zucker
1 Bund Schnittlauch

1. Kartoffeln waschen, mit der Schale 20 Minuten kochen, abgießen und mit kaltem Wasser bedecken. 5 Minuten stehen lassen, damit sich die Schale leichter abziehen lässt. Kartoffeln in Scheiben schneiden.

2. Fischfilet in Würfel schneiden, mit Zitronensaft, Salz und Pfeffer würzen.

3. Öl in einer großen Pfanne erhitzen und die Kartoffeln darin goldbraun braten. Herausnehmen und warm stellen. Fischwürfel in der Pfanne 5 Minuten braten. Salzen und pfeffern.

4. Brühe mit Joghurt, Senf und Eigelben in einem kleinen Topf glatt rühren, auf milde Hitze schalten. Die Sauce mit dem Handrührer kräftig aufschlagen und einmal kurz aufkochen. Mit Salz, Pfeffer und 1 Prise Zucker würzen.

5. Den Fisch mit Bratkartoffeln und Sauce auf Tellern anrichten. Mit Schnittlauchröllchen bestreut servieren.

Pro Portion: 33 g Eiweiß, 16 g Fett, 24 g Kohlenhydrate, 2 g Ballaststoffe = 383 Kalorien

KABELJAU MIT SENFSAUCE

Für 4 Portionen:
1½ EL Rapsöl
1 EL Mehl
200 ml Gemüsebrühe (siehe S. 203)
200 ml Buttermilch
2 EL Senf
Salz, Pfeffer
4 Kabeljaukoteletts (ca. 800 g)
150 g Salz fürs Kochwasser
1 – 2 EL Dill oder Petersilie

1. Öl in einem Topf erhitzen, das Mehl mit einem Schneebesen unterrühren und 1 Minute dünsten. Brühe und Buttermilch zugeben und unter ständigem Rühren aufkochen. Unter häufigem Rühren bei kleinster Hitze etwa 10 Minuten kochen. Senf in die Sauce geben, umrühren und nicht mehr kochen lassen. Mit Salz und Pfeffer abschmecken.

2. Den Fisch kalt abspülen. 1 l Wasser mit 150 g Salz in einem weiten Topf mit dickem Boden und gut schließendem Deckel aufkochen. Die Fischscheiben hineinlegen und 1 Minute offen kochen. Den Topf schließen, von der Kochstelle ziehen und etwa 10 Minuten zum Nachgaren stehen lassen.

3. Den Fisch aus dem Kochsud heben, mit Sauce und Kräutern auf zwei Tellern anrichten.

Pro Portion: 34 g Eiweiß, 5 g Fett, 6 g Kohlenhydrate, 0 g Ballaststoffe = 215 Kalorien

Dazu schmecken Pellkartoffeln.

RICHTIG SAFTIG

FÜR PERFEKTE BULETTEN nehmen Kenner lange Wege in Kauf. Der kürzeste führt in die eigene Küche.

Für **SAFTIGE** Frikadellen gilt: Turbohitze meiden. Lieber bei mittlerer Hitze etwas sanfter braten.

Frikadellen gibt es überall fertig zu kaufen. Vor allem **MINIFRIKADELLEN** sind beliebt. Verglichen mit ihnen spart man mit jeder selbstgemachten Bulette 10 Gramm Fett und 100 Kalorien. Es geht noch magerer. Wer Kalbshack nimmt, hat pro Stück noch 30 Kalorien weniger auf dem Teller, mit Putenhack sind es 50 Kalorien weniger.

FRIKADELLEN

Für 10 Stück:

2 Zwiebeln
1–2 Knoblauchzehen
500 g Rinderhackfleisch
100 g Beefsteakhack (Tatar)
250 g Magerquark, 1 Ei
50 g Haferflocken
1 EL Senf
1 Bund Schnittlauch
½ TL getrockneter Thymian
Salz, Pfeffer
2 EL Rapsöl

1. Zwiebeln und Knoblauch schälen und fein würfeln. Beide Hackfleischsorten, Quark, Ei, Haferflocken und Senf in eine Schüssel geben. Schnittlauch in feinen Röllchen, Thymian, Zwiebel- und Knoblauchwürfel zufügen.
2. Alles mit den Händen gut vermischen. Salzen, pfeffern.
3. Mit feuchten Händen 10 Frikadellen formen und in einer großen Pfanne im heißen Öl bei mittlerer Hitze etwa 15 bis 20 Minuten braten, dabei mehrmals wenden, damit eine knusprige Kruste entsteht.

Pro Stück: 17 g Eiweiß, 10 g Fett, 4 g Kohlenhydrate, 1 g Ballaststoffe = 184 Kalorien

HACK-FLEISCHTEIGE geraten zäh und gummiartig, wenn sie mit der Maschine geknetet werden. Lieber die Hände nehmen – oder bei kleinen Mengen die Gabel.

ECHTE ENERGIE-DRINKS

DIESE AUSGEWOGENEN SHAKES versüßen den Tag, ersetzen mittags ein Dessert, und das Eiweiß darin hilft gegen Hungerakttacken, wenn der Abstand zwischen zwei Mahlzeiten allzu lang gerät.

BILLIGER UND BESSER als jeder gekaufte Energydrink

Gekaufte Energy Drinks enthalten weder **EIWEISS** noch Fett oder Ballaststoffe. Sie liefern 100 % leere Kalorien, bestehen also vor allem aus Zucker (und Wasser).

Wer zügig abnimmt, läuft Gefahr, anstelle von ungeliebten Fettpolstern ausgerechnet kostbare **MUSKELMASSE** zu verlieren. Gute Mittel dagegen: viel Bewegung und hochwertiges Eiweiß aus Milchdrinks.

KARAMELL-BUTTER-MILCH-SHAKE VT

Für 2 Portionen:
500 ml Buttermilch
1 EL fettarmes Sojamehl
1 EL Zuckerrübensirup

1. Buttermilch mit Sojamehl und Sirup in einen Mixer geben und einmal kräftig aufschäumen.
2. Wer den Drink für unterwegs gekühlt mitnehmen möchte, füllt ihn mit einigen Eiswürfeln in eine Isolierflasche.

Pro Portion: 12 g Eiweiß, 1 g Fett, 15 g Kohlenhydrate, 2 g Ballaststoffe = 126 Kalorien. Natürlicher Zuckergehalt 14 g

Variante 1: Für feine Honigsüße anstelle von Sirup 2 TL flüssigen Honig und 1 Prise Zimt zufügen.

Variante 2: Für einen herzhaften Drink anstelle von Sirup 1 Prise Salz, Pfeffer, 1 Stück Salatgurke und etwas Zitronensaft mit durchmixen.

MINZ-SCHOKO-SHAKE MIT BANANE VT

Für 2 Portionen:
1 Zweig frische Minze
1 kleine Banane
1 EL Kakao
300 ml fettarme Milch (1,5 %)
Zucker oder Süßstoff
nach Geschmack

1. Minzeblättchen abzupfen. Banane schälen, das Fruchtfleisch mit Kakao, Milch und Minze in den Mixer geben und schaumig aufmixen. Eventuell süßen.
2. Den Drink in zwei Thermobecher oder eine Isolierflasche füllen. Vor dem Trinken noch einmal gut aufschütteln.

Pro Portion (ohne zugesetzten Zucker): 7 g Eiweiß, 3 g Fett, 18 g Kohlenhydrate, 2 g Ballaststoffe = 134 Kalorien. Natürlicher Zuckergehalt 16 g

ERDBEER-MOLKE-SHAKE VT

Für 2 Portionen:
500 ml Buttermilch
150 g Erdbeeren
(frisch oder tiefgefroren)
2 EL Molkepulver
Zucker oder Süßstoff
nach Geschmack
Cayennepfeffer

1. Alle Zutaten in den Mixer geben und pürieren. Den Shake – falls nötig – mit Zucker oder Süßstoff abschmecken. 1 kleine Prise Cayennepfeffer untermixen; das verstärkt das natürliche Erdbeer-Aroma.
2. Für kühle Drinks ideal: Gefrorene, leicht angetaute Früchte verwenden und den Drink zum Kühlhalten in einen Thermobehälter füllen. Vor dem Trinken schütteln.

Pro Portion (ohne zugesetzten Zucker): 11 g Eiweiß, 2 g Fett, 24 g Kohlenhydrate, 1 g Ballaststoffe = 168 Kalorien. Natürlicher Zuckergehalt 24 Gramm

ZWEI SÜSSE FÜR DIE MITTAGSPAUSE

Bei diesen Rezepten zeigen Möhren und Zucchini ihre **FRUCHTIG-SÜSSE** Seite. Saftig und kalorienleicht!

Möhren im Hasen-Grießpudding? Ja, die schmecken im Grießbrei **KÖSTLICH!** Auch lecker mit Zimt, Anis oder Kardamom gewürzt.

ACHTUNG!

Rühren nicht vergessen. Sonst kann die Milch überkochen oder der Brei setzt an.

MILCHREIS MIT KAKI-TOPPING [VT]

Für 6 Portionen:
500 ml fettarme Milch (1,5 %)
Salz, Süßstoff
1 Zucchini (200 g)
125 g Milchreis (Rundkornreis)
1 TL Vanillezucker
1 TL abgeriebene Limettenschale
1 EL Minze- oder
   Zitronenmelisseblättchen
2 Kakifrüchte
40 g Zucker

1. Milch mit 1 Prise Salz und wenig Süßstoff aufkochen. Zucchini waschen und fein raspeln. Zusammen mit Reis und Vanillezucker in die kochende Milch geben. Alles im geschlossenen Topf bei kleinster Hitze etwa 15 Minuten kochen.
2. Limettenschale, gehackte Minze oder Zitronenmelisse unterrühren und den Reis auf der abgeschalteten Herdplatte weitere 15 Minuten quellen lassen. Die Kaki waschen und würfeln.
3. Den Reis mit dem Zucker verrühren und falls nötig noch einmal mit Süßstoff abschmecken. Abkühlen lassen und in Portionsschalen füllen. Die Kakiwürfel darauf verteilen. Den Milchreis erst beim Essen mit den Kakiwürfeln verrühren.

Pro Portion: 5 g Eiweiß, 2 g Fett, 34 g Kohlenhydrate, 2 g Ballaststoffe = 176 Kalorien

Wer auf Zucker verzichtet und den Reisbrei komplett mit Süßstoff süßt, spart zusätzlich 30 Kalorien pro Portion.

HASEN-GRIESSPUDDING [VT]

Für 5 Portionen:
2 Möhren (250 g)
500 ml fettarme Milch (1,5 %)
1 TL Vanillezucker, Salz
1 Löffelspitze Cayennepfeffer
   oder Chiliflocken
100 g Kamut-Vollkorngrieß
   (oder üblicher Vollkorngrieß)
Süßstoff nach Geschmack

1. Möhren schälen und raspeln. Milch mit Vanillezucker, Salz und Cayennepfeffer oder Chiliflocken in einem Topf zum Kochen bringen. Möhren zufügen und unter Rühren 3 Minuten bei milder Hitze garen.
2. Grieß einstreuen und unter Rühren 5 Minuten kochen. Mit Süßstoff abschmecken. Nach dem Erkalten in den Kühlschrank stellen.

Pro Portion: 6 g Eiweiß, 2 g Fett, 20 g Kohlenhydrate, 4 g Ballaststoffe = 128 Kalorien

Etwas mehr Eiweiß, etwas weniger Fett und viermal so viel Ballaststoffe wie üblicher Grießbrei: pro Portion 35 Kalorien gespart.

Vorräte anlegen: Engagierte Grießpudding- oder Milchreisfans kochen am Wochenende mal eine große Portion für den Vorrat. Der Trick: Den Brei gleich nach dem Kochen heiß in Schraubgläschen oder festschließende Dosen füllen, sofort verschließen. Gut abgekühlt in den Kühlschrank stellen. So hält sich der Pudding 10 Tage frisch und ist mit einem Griff fertig für die Lunchbox.

Abend

Probleme, nach der Hektik des Tages den Kopf freizubekommen? Entspannen kann so einfach sein: in der Küche beim Schnippeln, Brutzeln und Ausprobieren, später am Tisch mit einem guten Essen für die Angehörigen oder auch mal für Gäste. Und es macht noch mehr Spaß, wenn ganz nebenbei Kalorienbomben entschärft werden und es trotzdem allen schmeckt.

ULTRALEICHT: SUPPEN MIT GURKE!

AVOCADOS verfärben sich recht schnell, deshalb beim Zubereiten immer Säure zugeben und das fertige Gericht sofort servieren.

Diese elegante Gurkensuppe stillt den ersten Hunger mit nur 60 Kalorien, aber viel **INTENSIVEM** Aroma.

AVOCADOSUPPE ^{VT}

Für 3 Portionen:
1 Knoblauchzehe
1 Schalotte
1 Salatgurke
1 weiche Avocado
350 ml Buttermilch
1 TL Zitronensaft
Salz, Pfeffer
3 TL Sauerrahm (siehe S. 197)
Koriandergrün als Garnitur

1. Knoblauch und Schalotte schälen und grob hacken. Die Gurke schälen, der Länge nach halbieren und mit einem Löffel die Kerne herausschaben. Die Avocado halbieren, den Kern entfernen, die Haut abziehen.
2. Knoblauch, Schalotte und Buttermilch im Mixer pürieren und eventuell kalt stellen.
3. Jeweils ein Viertel von Gurke und Avocado in kleine Würfel schneiden und mit Zitronensaft mischen. Die restliche Gurke und Avocado zur Buttermilchmischung in den Mixer geben und fein pürieren. Mit Salz und Pfeffer würzen.
4. Die Suppe mit den Gurken- und Avocadowürfeln in 3 Suppenschalen anrichten, Sauerrahm darauf verteilen und mit Koriander verzieren.

Pro Portion: 6 g Eiweiß, 9 g Fett, 9 g Kohlenhydrate, 4 g Ballaststoffe = 144 Kalorien

GURKENSUPPE MIT DILL UND PASTIS

Für 2 Portionen:
1 Zwiebel
1 TL Öl
3 Minigurken (ca. 300 g)
200 ml Hühnerbrühe (siehe S. 205)
Salz, Cayennepfeffer
2 TL Pastis (Anislikör; z. B. Pernod, Ricard)
1 TL Schmand
1 Stiel Dill

1. Zwiebel abziehen, würfeln und in einer Pfanne in heißem Öl glasig dünsten, nicht bräunen.
2. Gurken gut waschen, Stielenden abschneiden, das Fruchtfleisch würfeln; etwas Gurke für die Garnitur zur Seite legen. Den Rest mit Brühe und angedünsteter Zwiebel in einen Topf geben.
3. Die Suppe zugedeckt 10 Minuten kochen, bis die Gurken weich sind. Mit dem Pürierstab fein zerkleinern und mit Salz und Cayennepfeffer würzen. Noch einmal aufkochen.
4. Heiße Suppe in zwei vorgewärmte Schalen füllen. In jede Portion 1 TL Anislikör gießen und ½ TL Schmand mit einer Gabel leicht unterziehen. Mit abgezupften Dillfähnchen und Gurkenscheiben garnieren.

Pro Portion: 1 g Eiweiß, 3 g Fett, 5 g Kohlenhydrate, 1 g Ballaststoffe = 60 Kalorien

Minigurken sind 10 bis 15 cm lang und ideal für diese Suppe. Sie duften schon beim Anschneiden intensiv, haben also mehr Aroma und einen geringeren Wassergehalt als die üblichen Salatgurken.

MAL EDEL, MAL DEFTIG: KALTES ABENDBROT MIT FISCH

Mit viel Eiweiß und gerade **160 KALORIEN** wird die Forellenterrine zum sättigenden Abendessen.

Heringe liefern reichlich Omega-3-Fettsäuren. Sie verbessern die Fließfähigkeit des Blutes, wirken **ENTZÜNDUNGSHEMMEND** und schützen das Herz. Wichtig: Sie sind umso wirksamer, je weniger andere Fette im Essen enthalten sind. Also: Fisch fettarm zubereiten!

Eine klassische Remoulade enthält etwa achtmal mehr Fett und Kalorien als die rosa Remoulade. Mit diesem Rezept werden **INSGESAMT GESPART:** 42 Gramm Fett und 420 Kalorien.

FORELLENTERRINE AUF FRISÉESALAT

Für 4 Portionen:

Terrine:
350 g frisches Forellenfilet
3 EL Kochsahne (15 %)
2 Eiweiße
Salz, Pfeffer
1 EL Zitronensaft
4 TL frisch geriebener
   Meerrettich

Salat:
½ Kopf Friséesalat
500 g Tomaten
2 EL Essig
1 EL Rapsöl
6 EL Tomatensaft

1. Zutaten für die Terrine gut kühlen. Fischfilet kalt abspülen, abtrocknen, würfeln und für 30 Minuten im Gefrierfach anfrieren lassen.
2. Backofen auf 175 °C (Umluft 150 °C) vorheizen. Fisch portionsweise pürieren. Kochsahne unter das Fischpüree rühren. Eiweiße steif schlagen und unterheben. Die Mischung mit Salz, Pfeffer, Zitronensaft und 3 TL Meerrettich sehr kräftig würzen.
3. Eine Terrinen- oder Kastenform (16 cm Länge) fetten, mit Alufolie auslegen. Fischmix einfüllen, mit Folie abdecken. Die Form in eine mit heißem Wasser gefüllte größere Form stellen. Bei 175 °C (Umluft 150 °C) ca. 45 Minuten garen. Herausnehmen und gut kühlen.
4. Für den Salat Frisée und Tomaten mundgerecht zerkleinern. Auf einer Platte anrichten. Essig mit Öl und Tomatensaft aufmixen, salzen, pfeffern und über den Salat gießen. Terrine stürzen und mit restlichem Meerrettich auf dem Salat anrichten.

Pro Portion: 20 g Eiweiß, 6 g Fett, 4 g Kohlenhydrate, 2 g Ballaststoffe = 163 Kalorien

HERING IN GELEE MIT ROSA REMOULADE

Für 2 Portionen:

1 kleine Zwiebel
½ Bund Schnittlauch
1 Gewürzgurke
1 EL Tomatenmark
1 EL Schmand
1 TL Mayonnaise
Salz, Pfeffer, Zitronensaft
½ Kopf Salat
2 Portionen Hering in Gelee
   (je 100 g, Kühlregal)
100 g Kirschtomaten

1. Für die Remoulade die Zwiebel schälen. Den Schnittlauch in feine Röllchen schneiden. Die Gewürzgurke und die geschälte Zwiebel fein würfeln. Schnittlauch, Gurken- und Zwiebelwürfel mit Tomatenmark, Schmand und Mayonnaise verrühren. Mit Salz, Pfeffer und Zitronensaft abschmecken.
2. Salat waschen, die Blätter ablösen, aufeinanderlegen und in feine Streifen schneiden. Zwei flache Teller mit dem Salat füllen. Den Hering und halbierte Kirschtomaten darauf anrichten, die Remoulade dazu reichen.

Pro Portion: 12 g Eiweiß, 13 g Fett, 4 g Kohlenhydrate, 2 g Ballaststoffe = 194 Kalorien

PIZZA UND KONSORTEN

NIE WIEDER PIZZA ODER FLAMMKUCHEN? Warum eigentlich?
Diese Teigfladen sind leicht, knusprig und mit einem Salat
dazu ein ausgewogenes Essen.

ACHTUNG!
Ziemlich fett, deshalb als Pizza-
belag sparsam verwenden:
Oliven, Salami und Käse.

Extra
viel
PROTEIN

Der Teig
von gekauftem
FLAMMKUCHEN
ist oft extrem fett. Bei
uns sorgt Buttermilch
für Erleichterung und
feines Aroma.

Top-
quelle für
VITAMINE

Extra
wenig
GESÄTTIGTE
FETTSÄUREN

Diese Pizza
al Funghi enthält
locker 40 bis 50 %
WENIGER FETT
als der Pizza-Klassi-
ker Margherita.

Klassischer
**ZWIEBEL-
KUCHEN** enthält
mehr als dreimal so
viel Fett und 60 %
mehr Kalorien.

FLAMMKUCHEN

Für 2 Portionen:
Teig:
125 g Dinkelmehl Type 630, Salz
1 EL Olivenöl, 100 ml Buttermilch
½ Päckchen Trockenbackhefe
Mehl zum Ausrollen
Belag:
1 kleine Zucchini (125 g)
75 g Sauerrahm (siehe S. 197)
1 EL frische Rosmarinnadeln, Pfeffer
1 kleine Handvoll Rucola (30 g)
50 g Parmaschinken

1. Mehl, ¼ TL Salz, ½ EL Olivenöl, Buttermilch und Hefe in einer Schüssel zu einem glatten Teig kneten. Zugedeckt bei Zimmertemperatur aufgehen lassen, bis der Teig sich etwa verdoppelt hat.
2. Zucchini putzen und grob raspeln. Sauerrahm mit Zucchiniraspeln und Rosmarin verrühren, knapp salzen und pfeffern. Rucola in Streifen schneiden.
3. Backofen mitsamt Blech auf 240 °C vorheizen. Teig durchkneten, zu sehr dünnen länglichen Fladen ausrollen und auf ein Backpapier legen. Rahmmischung daraufstreichen. Das Backpapier aufs heiße Backblech ziehen und die Flammkuchen auf der 2. Schiene von unten in etwa 8 Minuten knusprig backen.
4. Sofort mit dem restlichen Olivenöl beträufeln, mit Schinken und Rucola belegen und servieren.

Pro Portion: 19 g Eiweiß, 17 g Fett, 48 g Kohlenhydrate, 3 g Ballaststoffe = 436 Kalorien

FRÜHLINGSPIZZA MIT KAPERN VT

Für 3 Portionen:
3 Portionen Hefeteig (siehe S. 209)
200 g körniger Frischkäse
150 g Magerquark
1 Eiweiß
2 EL Schnittlauchröllchen
1–2 Knoblauchzehen
Salz, Pfeffer
1 Bund Lauchzwiebeln (200 g)
500 g Tomaten
2 EL Kapern
2 EL Olivenöl
einige Basilikumblätter

1. Den Teig auftauen oder aus dem Kühlschrank nehmen. Den Backofen auf 225 °C vorheizen.
2. Frischkäse, Quark und Eiweiß verrühren. Schnittlauch und zerdrückten Knoblauch unterrühren. Mit Salz und Pfeffer kräftig abschmecken. Frühlingszwiebeln putzen und in Ringe schneiden. Tomaten in Scheiben schneiden.
3. Den Teig ausrollen und auf ein mit Backpapier belegtes Blech legen. Die Quarkmischung daraufgeben und glatt streichen. Zwiebeln und Tomaten darauf verteilen und die Pizza etwa 15 Minuten zum Aufgehen stehen lassen.
4. Pizza mit Kapern bestreuen, Öl darüberträufeln und 30 bis 35 Minuten im vorgeheizten Backofen backen. Basilikumblätter kurz vor dem Servieren auf der Pizza verteilen.

Pro Portion: 27 g Eiweiß, 13 g Fett, 47 g Kohlenhydrate, 6 g Ballaststoffe = 430 Kalorien

PIZZA AI FUNGHI VT

Für 2 Portionen:
2 Portionen Hefeteig (siehe S. 209)
1 Lauchzwiebel
½ Knoblauchzehe
1 TL frische Oreganoblättchen
1 TL Tomatenmark
½ kleine Dose Tomatenstücke (200 g)
Salz, Pfeffer
100 g Champignons
50 g geriebener Käse (30 %)
Mehl zum Ausrollen

1. Teig auftauen oder aus dem Kühlschrank nehmen. Backofen auf 225 °C vorheizen.

2. Zwiebel in Ringe schneiden. Durchgepressten Knoblauch, Oregano und Tomatenmark mit den Dosentomaten verrühren, mit Salz und Pfeffer würzen. Champignons putzen und in Scheiben schneiden.

3. Den Teig auf ein mit Backpapier belegtes Blech legen. Ausrollen oder mit bemehlten Händen einen großen oder zwei kleine dünnen Teigfladen formen.

4. Den Teig mit dem Tomatenmix bestreichen, mit Champignons und Lauchzwiebel belegen. Käse darüberstreuen und die Pizzen in den vorgeheizten Backofen, 2. Schiene von unten, schieben und etwa 20 Minuten backen.

Pro Portion: 22 g Eiweiß, 11 g Fett, 64 g Kohlenhydrate, 7 g Ballaststoffe = 460 Kalorien

ZWIEBELKUCHEN

Für 6 Portionen:
¼ Würfel frische Hefe, ½ TL Salz
150 ml Buttermilch
250 g Weizenmehl Type 550
2 EL Öl, 500 g Zwiebeln
250 g Magerquark, 1 Ei
100 g magere Schinkenwürfel (2 % Fett)
Pfeffer, Salz, Mehl zum Formen
1 Handvoll Kapuzinerkresseblüten und -blätter
   (ersatzweise Schnittlauch)

1. Hefe und Salz in Buttermilch auflösen. Mehl mit Hefemilch und 1 EL Öl verkneten, bis der Teig sich vom Schüsselboden löst. Mit Folie bedeckt bei Zimmertemperatur aufgehen lassen, bis er sich etwa verdoppelt hat.

2. Zwiebeln schälen und in Ringe schneiden. In einer tiefen Pfanne im restlichen Öl anbraten, zugedeckt glasig dünsten. Backofen auf 225 °C (Umluft 200 °C) vorheizen.

3. Quark mit Ei und Schinkenwürfeln mischen. Kräftig pfeffern, sparsam salzen. 3–4 Kresseblätter in feine Streifen schneiden und unter den Quarkmix heben.

4. Eine Springform (28 cm ø) mit Backpapier auslegen, den Teig hineingeben. Einen flachen Boden und einen etwas dickeren Rand formen. Den Quarkmix auf dem Boden verstreichen, abgekühlte Zwiebeln darüber verteilen. Im vorgeheizten Backofen etwa 25 Minuten backen. Lauwarm mit Kresseblüten und -blättern garniert servieren.

Pro Portion: 16 g Eiweiß, 6 g Fett, 38 g Kohlenhydrate, 3 g Ballaststoffe = 280 Kalorien

MIT AROMA UND (FAST) OHNE KALORIEN

Die Einweichflüssigkeit der Morcheln ist **HOCHAROMATISCH,** also nicht weggießen, sondern durchfiltern und mitverwenden.

Die Hühnerkraftbrühe gelingt nur mit einer selbstgekochten **BASIS.** Eine Instantbrühe würde zu salzig geraten. Die Suppe mit 2 EL trockenem französischem Wermutwein oder Portwein verfeinern, macht zusätzlich nur 6 Kalorien pro Portion.

Die dunklere und noch aromatischere **DOPPELTE** Kraftbrühe.

EXTRA-TIPP: Trockenpilze sind manchmal sandig. Beim Einweichen ein-, zweimal umrühren, damit sich die Verunreinigungen ablösen.

HÜHNERKRAFTBRÜHE MIT KERBEL UND BROTWÜRFEL

Für 4 Portionen:
1½ l Hühnerbrühe (siehe S. 205)
100 g Kirschtomaten
3 Scheiben Vollkorntoast
20 g Kerbel (oder Koriandergrün)
Salz, Pfeffer, Zitronensaft

1. Die Brühe zum Kochen bringen und im offenen Topf bis auf etwa ⅔ der ursprünglichen Menge einkochen lassen. Tomaten waschen und halbieren.
2. Toastscheiben im Toaster in 2 Durchgängen kräftig rösten und in kleine Würfel schneiden. Kerbel waschen, trocknen und hacken.
3. Die Brühe mit Salz, Pfeffer und einigen Tropfen Zitronensaft würzen. Kochend heiß in vorgewärmte Suppenschalen verteilen. Tomaten, Brotwürfel und gehackten Kerbel hineingeben und sofort servieren.

Pro Portion: 9 g Eiweiß, 1 g Fett, 9 g Kohlenhydrate, 2 g Ballaststoffe = 87 Kalorien

DOPPELTE KRAFTBRÜHE

Für 4 Portionen:
1 Stück Lauch (100 g)
1 Möhre
1 Stange Staudensellerie
150 g Tatar (Rinderhack)
1 Eiweiß
1 l Rinderbrühe (siehe S. 205)
1 frisches Lorbeerblatt
Salz, Pfeffer, Prise Muskat
1 Bund Schnittlauch

1. Lauch, Möhre und Sellerie putzen, in Stücke schneiden und im Blitzhacker etwa reiskorngroß zerkleinern.
2. Tatar und Eiweiß zufügen und gut durchmischen.
3. Den Mix mit der kalten Brühe in einen Topf geben und langsam unter ständigem Rühren zum Kochen bringen.
4. Mit dem Lorbeerblatt bei milder Hitze etwa 15 Minuten ziehen lassen. Ein Sieb mit einem durchlässigen Tuch (Baumwollwindel) auslegen, die Brühe durchsieben. Mit Salz, Pfeffer und Muskat abschmecken. Mit feinen Schnittlauchröllchen bestreut in Suppentassen servieren.

Pro Portion: 5 g Eiweiß, 0 g Fett, 0 g Kohlenhydrate, 0 g Ballaststoffe = 23 Kalorien

GEMÜSEBRÜHE MIT MORCHELN VGN

Für 4 Portionen:
10 g getrocknete Morcheln
1 l Gemüsebrühe (siehe S. 203)
3 Lauchzwiebeln
Salz, Pfeffer
1 EL Kerbel- oder Petersilienblättchen

1. Die Morcheln in etwa 150 ml kalter Gemüsebrühe 1 Stunde quellen lassen.
2. Die Pilze aus der Flüssigkeit heben und etwas ausdrücken. Das Einweichwasser durch einen Kaffeefilter gießen und aufheben.
3. Pilze in Scheiben schneiden, kleine Exemplare halbieren. Lauchzwiebeln putzen und in Streifen schneiden.
4. Pilze, Einweichwasser und Zwiebeln in die heiße Brühe geben, einmal aufkochen und etwa 3 Minuten bei milder Hitze ziehen lassen.
5. Die Suppe mit Salz und Pfeffer würzen. Mit Kräutern bestreut in vorgewärmten Suppenschalen servieren.

Pro Portion: 1 g Eiweiß, 0 g Fett, 2 g Kohlenhydrate, 2 g Ballaststoffe = 15 Kalorien

ESSBARE BLÜTEN ZUM DIPPEN

Köstlich, zart-bitter und figurfreund-lich: Das bittere **CYNARIN** der Artischocken könnte über-bordende Lust am Essen bremsen. Der Grund: Viele giftige Pflanzen in der Natur schmecken bitter. Das Gehirn schickt uns des-wegen schneller ein Stoppsignal.

ARTISCHOCKEN brauchen viel Platz im kochenden Salzwasser. In ei-nem engen Topf gart das sper-rige Blütengemüse ungleich-mäßig, wenn Teile am Topf-rand oder am Boden anliegen.

Die grüne Farbe **BLEIBT** erhalten, wenn man Artischo-cken in den ersten 10 Minuten ohne Deckel kocht.

Für 3 Portionen:
3 große Artischocken
Salz, Pfeffer
1½ unbehandelte Zitronen
1 Becher griechischer Joghurt (200 g; 10%)
1 Becher fettarmer Joghurt (150 g; 1,5%)
1 TL Honig
1–2 Knoblauchzehen
1 Bund Schnittlauch
einige Minzeblättchen oder Zitronenmelisse

1. Die Stängel der Artischocken mitsamt den unteren Blättern abschneiden. Die harten Spitzen der Blätter mit einer Küchenschere kürzen. 1 Zitrone in Scheiben schneiden.

2. In einem großen Topf Salzwasser mit Zitronenscheiben zum Kochen bringen. Artischocken darin je nach Größe 30 bis 40 Minuten kochen. Sie sind gar, wenn sich ein Blatt beim Abzupfen leicht lösen lässt.

3. Für den Dip beide Joghurtsorten und Honig verrühren. Knoblauch schälen und zerdrücken, Kräuter fein hacken; beides unter den Joghurt mischen. Den Dip mit Salz, Pfeffer und ausgepresstem Zitronensaft sehr kräftig abschmecken.

4. Die gegarten Artischocken mit dem Stielansatz nach oben abtropfen lassen und mit dem Dip anrichten.

Pro Portion: 7 g Eiweiß, 7 g Fett, 10 g Kohlenhydrate, 15 g Ballaststoffe = 146 Kalorien

Dazu passt Roggenbaguette oder getoastetes Mischbrot.

Artischocken – ein sinnliches Vergnügen

Wie isst man die stacheligen Dinger eigentlich? Am besten so: **Zuerst die Blätter** nach und nach abzupfen, in den Dip tauchen und den fleischigen Teil der Blätter mit den Zähnen abstreifen. Die harten Blattreste zur Seite legen. Wenn alle Blätter gegessen sind, das ungenießbare Heu vom Boden abheben. **Den Boden – er ist der köstlichste Teil der Artischocke – mit Messer und Gabel essen.** Weil am Ende eine Menge Abfall übrig bleibt, einen Teller für die abgegessenen Blätter bereitstellen.

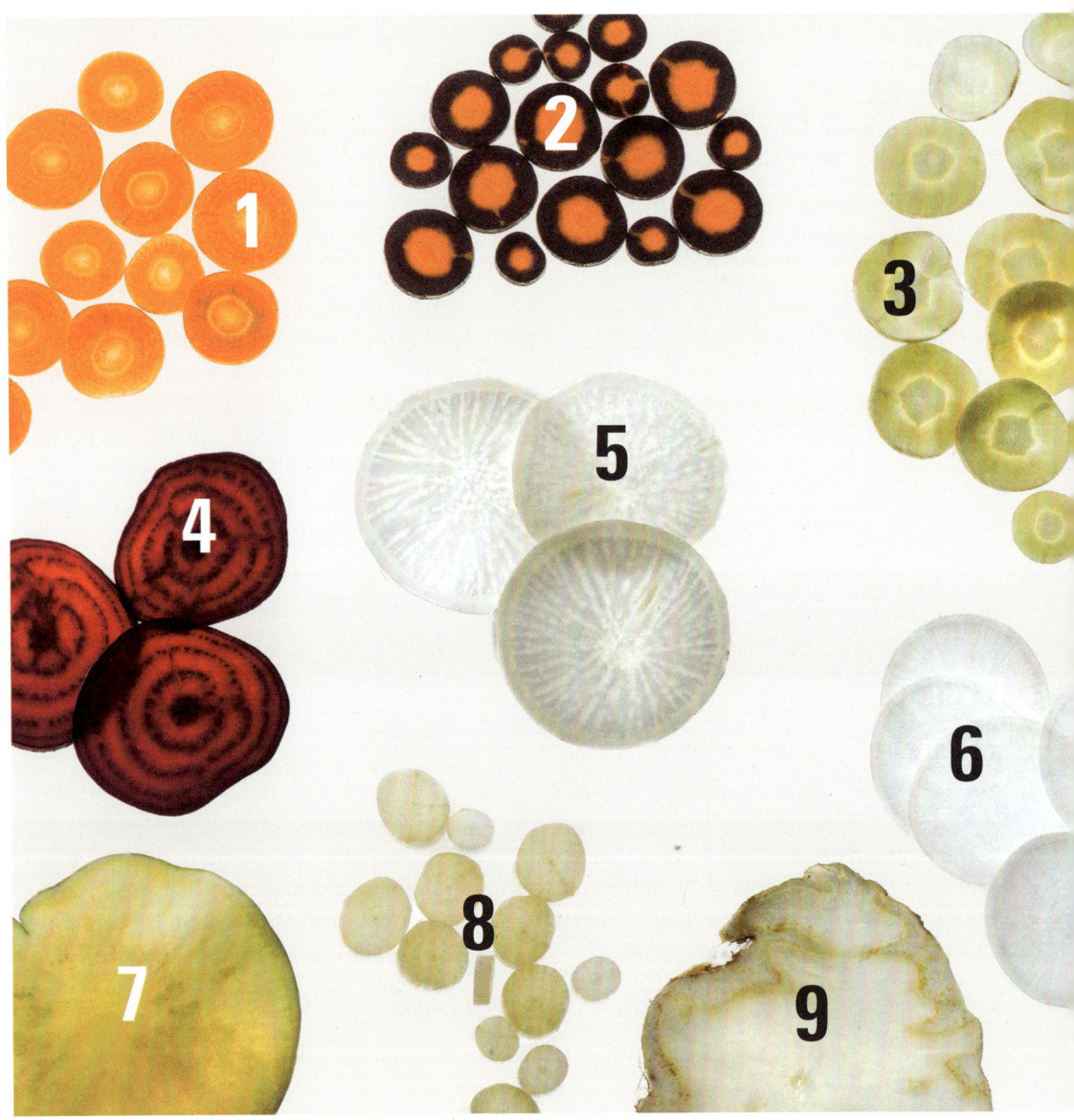

VITAMINE AUS DER ERDE

Wurzeln bieten genau das, was Abnehmwillige dringend suchen: viele Nährstoffe bei wenig Kalorien. Eine gute Auswahl an leckeren Rüben findet man nur selten im Supermarkt und so gut wie nie im Einheitsangebot der Discounter. Frisch und billig sind sie in den Hofläden der Bauern. Städter gehen auf den Wochenmarkt.

1 MÖHREN: Oft gedünstet essen. Die kleine Menge Fett, die nötig ist, um die fettlöslichen Vitamine aufzunehmen, steckt ja meist ohnehin in den Beilagen.

2 PURPLE HAZE: Die violetten Möhren bestechen durch ihr süßes Aroma und durch den nützlichen Pflanzenfarbstoff Anthocyan.

3 PASTINAKEN: Total im Trend und ultralecker: Mit wenig Öl bestreichen und 20 Minuten bei 200 °C im Backofen garen.

4 ROTE BETE: Eilige kaufen große Rüben gekocht und vakuumverpackt, Gourmets freuen sich im Sommer auf Bundware mit kleinen Exemplaren, die schnell gar sind.

5 WEISSE RÜBEN: Zugreifen, wenn frische Teltower oder Mairüben angeboten werden. Und die Blätter gleich mitdünsten.

6 RETTICH: Ganz gleich, ob schwarz oder weiß: Kleine bis mittlere Exemplare schmecken am besten. Wer ihn roh nicht mag, dünstet ihn.

7 STECKRÜBE: Ihr festes gelbes Fleisch schmeckt auch roh geraspelt als Salat und bietet erheblich mehr Vitamine als Äpfel und Birnen.

8 SCHWARZWURZELN: Ungeschält kochen. Dann lässt sich die Schale leicht abstreifen.

9 SELLERIE: Außen hässlich, innen würzig. Das Aroma unterstützt jede Suppe.

FEINE HERBST- UND WINTERGEMÜSE

Um die roten **GRANATAPFEL- KERNE** für das Schwarzwurzelgericht aus der Frucht zu lösen, rollt man die ganze Frucht auf einer harten Fläche und drückt dabei mit dem Handballen fest darauf. Dann die Frucht halbieren und die Kerne mit einem Löffel entnehmen.

Nix Discounter: Lieber alte Rosenkohlsorten auf dem Bauernmarkt kaufen. Sie schmecken **INTENSIVER** und wirken durch ihre Bitterstoffe leicht appetithemmend.

SCHWARZWURZELN MIT GRANATAPFEL ^{VT}

Für 4 Portionen:
800 g Schwarzwurzeln
Salz
2 Zwiebeln
1 EL Öl
150 ml Brühe (siehe S. 203)
100 ml Buttermilch
Muskat, Pfeffer
½ Granatapfel
Zitronenmelisse

1. Schwarzwurzeln waschen. Mit der Schale in Salzwasser 20 Minuten kochen. Auf einem Sieb abgießen und mit kaltem Wasser übergießen; dann lassen sich die Schalen leicht ablösen. In fingerlange Stücke schneiden.
2. Zwiebeln schälen, würfeln und in Öl andünsten. Brühe dazugießen und 5 Minuten weiterkochen. 2–3 klein geschnittene Schwarzwurzeln und Buttermilch zufügen. Mit Muskat, Salz und Pfeffer würzen. Alles mit dem Stabmixer fein zerkleinern und aufschäumen.
3. Die restlichen Schwarzwurzeln in die Sauce geben, kurz erwärmen, aber nicht kochen. Mit Granatapfelkernen und Zitronenmelisse garnieren.

Pro Portion: 3 g Eiweiß, 3 g Fett, 7 g Kohlenhydrate, 20 g Ballaststoffe = 73 Kalorien

ROSENKOHL-ZWIEBEL-GEMÜSE

Für 4 Portionen:
750 g Rosenkohl
Salz, Pfeffer
250 g Zwiebeln
10 g Butterschmalz oder Gänseschmalz
1 TL getrockneter Rosmarin
200 ml Weißwein
350 ml heller Kalbs- oder Geflügelfond

1. Rosenkohl putzen und im Ganzen in kochendem Salzwasser 3 Minuten garen. Auf einem Sieb abgießen und kalt abspülen.
2. Zwiebeln schälen und vierteln. Kohl und Zwiebeln in einer tiefen Pfanne in heißem Butter- oder Gänseschmalz kräftig anbraten. Rosmarin und Wein zugeben. Ohne Deckel kochen lassen, bis die Flüssigkeit weitgehend verdampft ist.
3. Fond zugießen. Das Gemüse weiter bei milder Hitze kochen, bis es gar und der Fond bis etwa auf die Hälfte reduziert ist. Mit Salz und Pfeffer würzen.

Pro Portion: 8 g Eiweiß, 3 g Fett, 8 g Kohlenhydrate, 7 g Ballaststoffe = 113 Kalorien

Passt gut zu kurzgebratenem Fleisch und zu Wild.

WIE GEHT KOHL?

EINFACH WASCHEN, klein schneiden und ab in den Topf. Lecker!

KOHLRABI: Die feinen Blättchen enthalten mehr Nährstoffe als die Knolle – deshalb möglichst mitverwenden.

BROKKOLI: Stiele kurz vorgaren, Röschen zufügen und zum Schluss die gehackten Blättchen mitgaren.

WIRSING: Zarte Blätter 5 Minuten, dicke 10 bis 12 Minuten garen.

SOMMER-BLUMENKOHL: Zwischen den Röschen können Insekten stecken. Wenn der Blumenkohl vom Freiland kommt, 15 Minuten mit dem Kopf nach unten in kaltes Essigwasser legen.

ROSENKOHL: Die Miniköpfchen halbieren und in wenig Brühe 6 bis 8 Minuten dünsten.

PAK CHOI bildet kräftige weiße Stiele bei dunkelgrünem Laub. Wie bei Mangold zuerst die Stiele eine Weile dünsten, am Schluss die Blätter mitgaren.

ROMANESCO: Die Röschen für 3 bis 5 Minuten in kochendes Salzwasser geben, kalt abspülen. Fertig.

CHINAKOHL hat keinen Strunk und ist nach 5 Minuten gar.

ROTKOHL in feinen Streifen mit etwas Salz bestreuen, mit Rotweinessig beträufeln, mischen und etwa 2 Stunden stehen lassen. So gerät der Kohl beim Kochen röter, zarter und würziger.

WEISSKOHL: Bei milder Hitze etwa 25 Minuten dünsten. Egal, ob rot oder weiß: je feiner die Kohlstreifen, desto bekömmlicher. Für Kohlsalat das fein geschnittene Gemüse in Salzwasser einige Minuten kochen. Das erhöht den Vitamin-C-Gehalt.

BLUMENKOHLSORTEN in Violett und Grün sind nicht nur aromatischer, sondern auch reicher an Vitamin C, Eiweiß und Mineralstoffen als weiße Köpfe. Nur 5 bis 8 Minuten garen, sonst verliert sich die Farbe.

ECHTES SAISONGEMÜSE:

Zur Ernte tragen frische Kohlköpfe die schönsten Herbstfarben und wirken wie mit silbergrauem Reif überzogen. Kein anderes Gemüse ist so preiswert und gleichzeitig so sättigend und kalorienarm. Ein weiterer Nutzen: Die Ballaststoffe des Kohls befördern überschüssiges Cholesterin aus dem Körper. Vorausgesetzt natürlich, man isst oft und gern von dem herzhaften Herbstgemüse. Die kompakten Köpfe enthalten viel Vitamin C und zahlreiche bioaktive Pflanzenstoffe, die das Gemüse zum Liebling der Naturmediziner machen. Dabei gilt: je kräftiger der Kohlgeschmack, desto gesünder. Die größte Chance darauf hat man bei frischer Ware aus regionalem Anbau. Die wird hauptsächlich auf Wochenmärkten oder direkt im Hofladen vom Bauern angeboten.

ÜBRIGENS: Hätten Sie gedacht, dass eine Portion Brokkoli (200 g) mehr Knochen stärkendes Kalzium liefert als ein Becher Joghurt (150 g)?

Schon ein Tee-
löffel Öl (5 ml) mit
45 Kalorien reicht, um
einem einfachen Ge-
richt eine **NOBLE**
Note zu verleihen.

Extra
viele
OMEGA-3-
FETTSÄUREN

Top-
quelle für
ALPHA-
LINOLEN-
SÄURE

MIT FEINEN ÖLEN WÜRZEN

Würzen mit Öl und dabei abnehmen – wie das geht? Ganz einfach: Die aromastärksten Öle auswählen, die man kriegen kann, und dann so wenig wie möglich davon nehmen. Würzöle aus dem Handel, die mit Zitrus-, Chili-, Trüffel- oder Kräuteraromen versetzt sind, überzeugen im Test oft nicht: 7 von 19 Produkten waren 2010 „mangelhaft". Die Gründe: Schadstoffe, ranziger Geschmack oder irreführende Angaben. Lieber pure Öle kaufen und die Gewürze separat verwenden.

Am besten entfalten sich die Aromen, wenn man naturbelassene Öle erst kurz vor dem Servieren zugibt. Das hat einen weiteren Vorteil: Prangt eine sichtbare Ölschliere auf einem ansonsten fettarmen Gericht, genießt man doppelt, selbst wenn es sich nur um ein Teelöffelchen voll handelt. Denn der Kopf signalisiert: Fett, mmh, lecker! Ist die gleiche Menge unsichtbar im Essen versteckt, bemerkt man kaum etwas davon und wird auch weniger gut satt.

1 **OLIVENÖL** sollte richtig frisch sein. Mit zunehmender Lagerzeit verschwindet das intensive Aroma und mit ihm die gesundheitlichen Vorzüge.

2 **LEINÖL** in kleinsten Mengen kaufen. Frisch schmeckt es angenehm nussig, durch langes Lagern wird es bitter.

3 **HASELNUSSÖL** schmeckt so intensiv, weil die Nüsse vor dem Pressen geröstet werden.

4 **KOKOSÖL** ist bei Zimmertemperatur cremig fest. Topqualitäten werden aus frischem Fruchtfleisch gepresst und schmecken zart nach Kokos.

5 **WALNUSSÖL** hat viel Aroma und gesunde Fettsäuren. Für beste Qualität wird aus drei Kilo Nüssen ein Liter Öl gepresst.

6 **SESAMÖL** ist durch's Rösten so intensiv im Geschmack, dass ein paar Tropfen für ein Asia-Gericht genügen.

7 **SCHWARZKÜMMELÖL** wird aus den Gewürzsamen gepresst und ist deshalb so kräftig im Geschmack, dass wenige Tropfen zum Würzen pikanter Gerichte reichen.

8 **KÜRBISKERNÖL** wird aus gerösteten Kürbiskernen kaltgepresst. Es passt zu süßen und herzhaften Speisen.

9 **ERDNUSSÖL** besticht durch einen sanften, warmen Erdnussgeschmack, wenn es kaltgepresst wird.

ERDVERBUNDEN UND GANZ EXTRAVAGANT

Zum **SPARGELSALAT** schmecken weich gekochte Eier und Vollkorntoast.

STEINPILZE beim Einkauf gründlich prüfen; manchmal sind wurmige Exemplare darunter. Im Zweifelsfall etwas mehr nehmen, sonst bleibt nach dem Putzen und Sortieren zu wenig übrig. Falls keine guten Steinpilze im Angebot sind: Der Salat schmeckt auch mit gezüchteten Braunkappen oder mit Champignons – aber natürlich nicht ganz so aufregend.

Einige Tropfen Schwarzkümmelöl geben dem Rote-Bete-Salat **RAFFINESSE.** Extrem viel Genuss für nur 100 Kalorien.

ROHER STEINPILZSALAT VGN

Für 3 Portionen:
300 g frische Steinpilze
½ Kopf Salat
Salz, Pfeffer
6 Basilikumblätter
2 EL bestes Olivenöl

1. Steinpilze putzen und die Röhrchenschicht entfernen. Die Hüte in dünne Scheiben schneiden, perfekte junge Stiele mitverwenden, ältere Exemplare für eine Suppe weiterverwenden. Wurmstichige Pilze wegwerfen.

2. Kopfsalat waschen und sechs schöne große Blätter aussuchen. Den restlichen Salat für einen anderen Zweck beiseitelegen.

3. Drei Teller mit Salatblättern auslegen und die geschnittenen Pilze darauf anrichten. Salzen und kräftig pfeffern.

4. Das Basilikum in feine Streifen schneiden, mit dem Olivenöl mischen und die Pilze damit gleichmäßig beträufeln. Sofort servieren.

Pro Portion: 4 g Eiweiß, 7 g Fett, 1 g Kohlenhydrate, 5 g Ballaststoffe = 84 Kalorien

ROTE-BETE-SALAT MIT MEERRETTICHDIP VT

Für 3 Portionen:
1 dünne junge Zucchini
2 gekochte Rote-Bete-Knollen
(300 g; vakuumverpackt)
3 TL Sojasauce
1 Becher fettarmer Joghurt
(150 g; 1,5 %)
1 TL Schwarzkümmel- oder Kürbiskernöl
2 TL geriebener Meerrettich
(am besten frisch gerieben)
Salz, Pfeffer, 1 Prise Zucker
1 EL Dillfähnchen

1. Zucchini der Länge nach in hauchdünne Scheiben schneiden. Rote Bete würfeln oder raspeln, auf drei flache Teller verteilen und mit Sojasauce beträufeln. Zucchini darauf oder daneben anrichten.

2. Für den Dip den Joghurt mit Öl und Meerrettich verrühren. Mit Salz, Pfeffer und Zucker kräftig würzen.

3. Auf jede Salatportion einen dicken Klecks vom Meerrettichdip geben. Mit Dill garnieren.

Pro Portion: 5 g Eiweiß, 2 g Fett, 14 g Kohlenhydrate, 4 g Ballaststoffe = 98 Kalorien

WARMER SPARGEL-SALAT VGN

Für 2 Portionen:
500 g Spargel, Salz
½ Bund Rucola (50 g)
1 Lauchzwiebel
2 EL milder weißer Essig
(Balsamessig)
1 EL Walnussöl
1 TL Honig, Pfeffer,

1. Spargel schälen und die Stangen in Stücke schneiden. Schalen und Abschnitte in 250 ml kaltes Wasser geben, aufkochen und zugedeckt bei schwacher Hitze ca. 10 Minuten kochen.

2. Kochwasser durchsieben, Spargel mit Salz darin 8 Minuten bissfest garen.

3. Rucola waschen und klein schneiden. Lauchzwiebel in feine Ringe schneiden. Essig mit 3 EL Spargelwasser, Walnussöl und Honig verrühren, salzen und pfeffern. Heißen Spargel mit der Sauce mischen. Wenn der Salat lauwarm abgekühlt ist, Rucola und Zwiebeln unterheben.

Pro Portion: 4 g Eiweiß, 5 g Fett, 7 g Kohlenhydrate, 4 g Ballaststoffe = 97 Kalorien

ELEGANTE SALATE – MIT LINKS GEMACHT

FÜR DIE LUNCHBOX

Dieser leichte **WALDORFSALAT** enthält im Vergleich zu herkömmlichen Produkten und Rezepten nur etwa ein Drittel so viel Fett und die Hälfte der Kalorien.

Bei frischem Brokkoli für den Brokkolisalat 500 Gramm einkaufen. **RÖSCHEN** abschneiden, eine Minute in kochendes Wasser geben, eiskalt abspülen. Das macht die Röschen schön grün. Grobe Stiele für Suppen verwenden.

WALDORFSALAT MIT BRESAOLA

Für 3 Portionen:
300 g Sellerieknolle
2 Äpfel
½ Zitrone
30 g Walnusskerne
2 TL Salatmayonnaise
1 Becher fettarmer Joghurt (150 g; 1,5 %)
Salz, Zucker, Pfeffer
½ Kopfsalat
75 g Bresaola oder Bündner Fleisch

1. Sellerie schälen und fein raspeln. Äpfel waschen, vierteln und mitsamt der Schale raspeln, sofort mit Zitronensaft beträufeln. Walnüsse hacken.

2. Mayonnaise mit Joghurt verrühren. Mit Salz, 1 Prise Zucker und reichlich Pfeffer würzen. Die Sellerie-Apfel-Mischung und die Nüsse unterheben. Gut durchziehen lassen und kurz vor dem Anrichten noch einmal abschmecken.

3. Gewaschene Salatblätter auf große flache Teller ausbreiten. Waldorfsalat und Bresaola darauf anrichten.

Pro Portion: 10 g Eiweiß, 12 g Fett, 24 g Kohlenhydrate, 6 g Ballaststoffe = 257 Kalorien

Waldorfsalat kann man schon einige Stunden vor dem Essen fertig machen. Mit Folie abdecken, sonst dunkelt er nach.

BROKKOLISALAT MIT ÄPFELN VGN

Für 3 Portionen:
300 g tiefgefrorenen Brokkoli
1 rote Paprikaschote
1 großer Apfel
1 EL Olivenöl
1–2 EL milder Weißweinessig
   (Balsamessig)
Salz, Pfeffer
30 g gesalzene Erdnüsse
3 EL Basilikumblätter

1. Brokkoli 15 Minuten antauen lassen, dann mit einem großen Messer grob hacken. Paprika entkernen und in kurze, sehr schmale Streifen schneiden. Den Apfel entkernen und ungeschält grob reiben oder sehr klein schneiden. Alles vermischen.

2. Öl, Essig und 1 EL Wasser verrühren und auf den Salat geben. Erdnüsse hacken und untermischen. Mindestens ½ Stunde durchziehen lassen. Basilikum in Streifen schneiden und unter den Salat mischen.

Pro Portion: 7 g Eiweiß, 9 g Fett, 17 g Kohlenhydrate, 7 g Ballaststoffe = 183 Kalorien

Variante: Wer Walnüsse anstelle von Erdnüssen nimmt, muss den Salat leicht salzen. Die Nüsse grob hacken und ohne Fett in der Pfanne oder in der Mikrowelle anrösten; so schmecken sie intensiver.

NEUE LIEBLINGSSALATE

Ein Weiße-Bohnen-Salat der würzigen Art: Rucola und getrocknete Tomaten geben dem Mix einen aromatischen Kick. **GENUSS** für nur 100 Kalorien.

Ohne die **NÜSSE** sind es beim Mangosalat pro Portion gut 40 Kalorien weniger.

FÜR DIE LUNCHBOX

BIRNEN verleihen dem Fenchelsalat eine liebliche Note. Im Vergleich zu Äpfeln schmecken sie zwar viel süßer, enthalten aber kaum mehr Zucker – einfach nur weniger Säure.

EXTRA-TIPP:
Die Mangos sollten nicht reif, sondern noch sehr fest sein. Grünes Fruchtfleisch ist auch okay.

BOHNENSALAT
MIT RUCOLA [VGN]

Für 4 Portionen:

100 g Rucola
1 kleine Dose weiße Bohnen
   (Einwaage ca. 250 g)
1 EL Olivenöl
1–2 EL heller Essig
3–4 weiche getrocknete Tomaten
evtl. 1 Knoblauchzehe

1. Rucola waschen, trocken schleudern, die Stiele abtrennen und sehr klein schneiden, die Blätter beiseitelegen.
2. Die Bohnen abgießen, 1–2 EL Aufgussflüssigkeit zurückbehalten. Daraus mit Essig und Öl eine Vinaigrette rühren, mit den Bohnen vermengen.
3. Tomaten in schmale Streifen schneiden, nach Belieben Knoblauchzehe hacken, zusammen mit den Rucolastielen und der Hälfte der Blätter unter die Bohnen mischen. Eine Schüssel mit restlichen Blättern auslegen, den Salat darauf anrichten.

Pro Portion: 6 g Eiweiß, 3 g Fett, 11 g Kohlenhydrate, 3 g Ballaststoffe = 100 Kalorien

FENCHELSALAT
MIT BIRNEN [VGN]

Für 2 Portionen:

2 Fenchelknollen
1 Birne
½ Zitrone
1 Handvoll Salatblätter
1 TL Senf
Salz, Pfeffer
2 EL Walnussöl
2 TL Kürbiskerne

1. Die Fenchelknollen waschen, unansehnliche Stellen und Wurzelansätze wegschneiden; das Grün hacken. Knollen vierteln, Strünke entfernen, Fenchel fein schneiden.
2. Birne waschen, Kerngehäuse entfernen. Fruchtfleisch mit Schale in dünne Spalten schneiden und mit Zitronensaft mischen.
3. Salat etwas zerkleinern, mit Fenchelgrün, Birnen und Fenchel mischen.
4. Für die Sauce 2 EL Wasser mit Senf verrühren, salzen, pfeffern und das Öl unterschlagen. Mit Kürbiskernen über den Salat geben.

Pro Portion: 6 g Eiweiß, 13 g Fett, 16 g Kohlenhydrate, 7 g Ballaststoffe = 208 Kalorien

MANGOSALAT
MIT ERDNÜSSEN

Für 4 Portionen:

2 feste, noch unreife Mangos
1 EL Limettensaft
½ TL Zucker
1 EL asiatische Fisch- oder Austernsauce (oder helle Sojasauce)
Chiliflocken oder rosa Pfeffer
1 kleines Salatherz
30 g Erdnüsse (oder Cashewkerne)

1. Mangos schälen. Das Fruchtfleisch am Stein entlang in Scheiben schneiden.
2. Für das Dressing Limettensaft, Zucker und Fischsauce verrühren, bis sich der Zucker gelöst hat. Mit Mangoscheiben mischen, nach Wunsch Chili oder rosa Pfefferbeeren darübergeben.
3. Salatblätter waschen, trocken schleudern, in schmale Streifen schneiden. Einen Teil in einer flachen Schüssel ausbreiten, den Rest unter die Mangos mischen. Die Mangomischung auf den Salat geben. Gehackte Nüsse darüberstreuen.

Pro Portion: 3 g Eiweiß, 5 g Fett, 19 g Kohlenhydrate, 3 g Ballaststoffe = 139 Kalorien

ASIA-KÜCHE ZUM ABNEHMEN

KURZ GEGARTE GEMÜSE, viel Fisch, Algen, Soja und scharfe Gewürze –
was Asiaten gesund und schlank hält, wird auch bei uns immer beliebter.

Herausgefischt:
Tofu, Frühlingszwiebel
und Shiitake-Pilze bilden
die Einlage für unsere Inter-
pretation einer Miso-Suppe,
ein Klassiker der leichten
JAPANISCHEN
Küche.

AUBERGINEN
schmecken auch ohne viel
Fett. Die aus Fernost importier-
te Variante des kalorienarmen Ge-
müses ist meist länglich wie eine
Gurke und hellgrün bis lila. Beim
Erhitzen verliert sich die Farbe.
Das Gericht schmeckt auch
kalt und hält sich drei Tage
im Kühlschrank.

Im Vergleich zu einem klassischen Gurkensalat mit Essig-Öl-Dressing liefert die Asia-Version **70 % WENIGER FETT,** 40 % weniger Kalorien und 40 % mehr Mineralstoffe.

Extra viel JOD

Solche und ähnliche Fleischsalate sind vor allem in **THAILAND UND VIETNAM** beliebt, die Sauce dazu gibt es in vielen Variationen. Der Salat schmeckt solo, aber auch mit Reis-, Glas- oder Mie-Nudeln und einfach mit Reis. Diese Beigaben immer als Erstes auf den Teller füllen und den Salat darauf anrichten.

AUBERGINEN AUS DEM WOK VGN

Für 4 Portionen:
800 g Auberginen
1 rote Paprikaschote
2 Lauchzwiebeln
200 g Räuchertofu
2 Knoblauchzehen
1 Stück Ingwerwurzel (30 g)
2 EL Rapsöl
4 EL Sojasauce
1 TL milder Essig
½ TL geröstetes Sesamöl
nach Wunsch Chilipulver

1. Auberginen waschen, vierteln, in Würfel (ca. 1 cm x 2 cm) schneiden. Paprika waschen, entkernen, achteln, quer in schmale Streifen schneiden. Lauchzwiebeln in Streifen, Tofu in kleine Scheiben schneiden. Knoblauch und Ingwer schälen und fein hacken.
2. Öl im Wok erhitzen, Auberginen darin andünsten, bis sie leicht bräunen. Paprika, Knoblauch und Ingwer dazugeben, die Sojasauce unterrühren, zugedeckt bei kleiner Hitze einige Minuten garen, eventuell 3 EL Wasser dazugeben. Abschmecken mit Essig, dunklem Sesamöl oder Chili.
3. Tofu und Lauchzwiebeln unterrühren, noch einmal durcherhitzen.

Pro Portion: 10 g Eiweiß, 10 g Fett, 10 g Kohlenhydrate, 4 g Ballaststoffe = 170 Kalorien

MISO-SUPPE MIT TOFU VGN

Für 2 Portionen:
50 g Tofu
1 Frühlingszwiebel
4 frische Shiitake-Pilze
500 ml Gemüsebrühe (siehe S. 203)
1 TL Miso-Gewürzpaste (z. B. Hatcho-Miso)
1 EL Mirin (jap. Reiswein, ersatzweise Sherry)
1 EL Schnittlauchröllchen

1. Den Tofu in Würfel schneiden. Die Frühlingszwiebel putzen und schräg in 1 cm lange Stücke schneiden. Die Pilze entstielen und in hauchdünne Scheiben schneiden.
2. Gemüsebrühe zum Kochen bringen. Zwiebeln und Pilze darin 2 Minuten garen.
3. Miso und Mirin in einer Schüssel verrühren und zur Brühe in den Topf geben. Die Suppe unter Rühren bei mittlerer Temperatur erhitzen, bis sich das Miso gelöst hat; nicht aufkochen, sonst leidet der Geschmack.
4. Tofuwürfel in der heißen Suppe erwärmen, mit Schnittlauchröllchen bestreut servieren.

Pro Portion: 5 g Eiweiß, 2 g Fett, 8 g Kohlenhydrate, 2 g Ballaststoffe = 75 Kalorien

Variante: Einen kleinen Zweig Braunalgen (Wakame) 15 Minuten in warmem Wasser einweichen. Abtropfen lassen, in schmale Streifen schneiden und in der Suppe kurz mitkochen.

ASIA-FLEISCHSALAT

Für 4 Portionen:
400 g Hüftsteak (auch Schweine- oder Hühnerfilet)
5 EL Fischsauce
1 EL Sojasauce
¼ Gurke
1 Möhre
1 kleiner Romanasalat (Salatherz)
1 Handvoll Thai-Basilikum
   (ersatzweise Koriander oder glatte Petersilie)
2 EL Limettensaft
1,5 EL Zucker
1 Knoblauchzehe
Chiliflocken
1 EL Rapsöl
30 g gehackte Erdnüsse

1. Fleisch quer zur Faser in dünne Scheiben von ca. 2 cm x 2 cm schneiden. 1 EL Fischsauce mit der Sojasauce mischen. Das Fleisch darin wenden. Gurke der Länge nach vierteln, entkernen, in dünne Scheiben schneiden. Möhre mit dem Sparschäler hobeln. Salat und Kräuter waschen und trocken schleudern. Salat in sehr dünne, kurze Streifen schneiden.
2. Limettensaft, restliche Fischsauce und Zucker verrühren, Knoblauchzehe hineinpressen, Chiliflocken nach Geschmack zugeben.
3. Das Fleisch im heißen Öl kurz anbraten. Salat, Gurke und Möhre auf Teller geben. Fleisch, Marinade, Kräuter und Erdnüsse darauf anrichten.

Pro Portion: 25 g Eiweiß, 11 g Fett, 11 g Kohlenhydrate, 2 g Ballaststoffe = 253 Kalorien

Ohne Erdnüsse sparen Sie rund 50 Kalorien pro Portion.

KOREANISCHER GURKENSALAT MIT WAKAME VGN

Für 4 Portionen:
1 kleiner Zweig getrocknete Braunalgen
   (jap.: Wakame)
2 Lauchzwiebeln
2 TL Zucker
4 EL Reisessig
2 TL geröstetes Sesamöl
Salz
1 große Salatgurke
½ EL Sesamsaat

1. Die getrockneten Algen mit heißem, aber nicht kochendem Wasser übergießen. 1 Stunde zum Quellen stehen lassen, abgießen und für 3 Minuten in sprudelnd kochendes Wasser (ohne Salz!) geben. Auf ein Sieb geben und kalt abspülen.
2. Lauchzwiebeln putzen, waschen und in hauchdünne Scheiben schneiden. Die Algen in Streifen schneiden und dabei eventuell vorhandene dicke Blattrippen entfernen. 3–4 EL Algen mit Lauchzwiebeln, Zucker, Essig, Sesamöl und etwas Salz mischen. Einen eventuellen Rest der Algen anderweitig verwenden.
3. Die Gurke waschen, der Länge nach halbieren und in Scheiben schneiden. Gurkenscheiben kurz vor dem Servieren unter den Algensalat mischen.
4. Sesam in einer trockenen Pfanne rösten, bis er zu duften beginnt. Salat mit Sesam bestreuen und sofort servieren.

Pro Portion: 1 g Eiweiß, 3 g Fett, 7 g Kohlenhydrate, 1 g Ballaststoffe = 64 Kalorien

HÜLSENFRÜCHTE MACHEN SCHLANK

WEISSE JUMBO-BOHNEN: gar in 1,5 bis 2 Stunden; eingeweicht: nur 60 Minuten.

CANNELLINI: gar in 1,5 bis 2 Stunden; eingeweicht: nur 60 Minuten.

SCHWARZE BOHNEN: gar in 1,5 bis 2 Stunden; eingeweicht: nur 60 Minuten.

GELBE ERBSEN: gar in 2 Stunden; eingeweicht: 60 bis 90 Minuten.

KIDNEYBOHNEN: gar in 1,5 bis 2 Stunden; eingeweicht: nur 60 Minuten.

PINTOBOHNEN: gar in 1,5 bis 2 Stunden; eingeweicht: nur 60 Minuten.

GRÜNE ERBSEN: gar in 2 Stunden; eingeweicht: 60 bis 90 Minuten.

KICHERERBSEN: gar in 2 bis 3 Stunden; eingeweicht: nur 40 bis 50 Minuten.

MUNGBOHNEN: gar in 30 Minuten.

Salz verlängert die Garzeit, Säure macht Hülsenfrüchte hart und mit Natron zerfallen sie schnell. Also: **NUR WASSER** nehmen – und sonst nichts! Erst wenn die Hülsenfrüchte gar sind, kommen Salz und Säuren wie zum Beispiel Essig oder Wein dazu.

TELLERLINSEN: gar in 45 Minuten.

PUYLINSEN: gar in 20 bis 30 Minuten.

PARDINALINSEN: gar in 20 bis 30 Minuten.

GELBE ORIENT-LINSEN: gar in 15 Minuten.

ROTE LINSEN: gar in 10 Minuten.

BELUGALINSEN: gar in 20 Minuten.

IMMER MEHR AUSWAHL

Erbsen, Bohnen, Linsen und Kichererbsen kosten wenig, sind wunderbar wandelbar und tun der Figur gut. Weil bei getrockneten Hülsenfrüchten der Wassergehalt sehr niedrig liegt, sollen sie beim Kochen nicht nur gar werden. Mindestens ebenso wichtig ist das Aufquellen. Deshalb weicht man – außer Linsen – alle Sorten ein paar Stunden in kaltem Wasser ein. Später beim Kochen nehmen sie noch einmal zusätzlich Wasser auf. Also egal welche Sorte: Immer viel Wasser nehmen und bei geringer Hitze garen. Die Temperatur ist richtig, wenn die Wasseroberfläche fast unbewegt bleibt und nur kleine Blasen aufsteigen. Sieden oder köcheln heißt dieses Kochen kurz unter dem Siedepunkt. Werden Erbsen, Linsen & Co. auch nach längerem Kochen nicht gar, liegt es nicht an Herd oder Topf. Dann sind sie überlagert und können praktisch kaum noch Wasser aufnehmen. Pech gehabt und frische kaufen.

FRISCH AUS DEM WASSER

Rund 90 % der **MIESMUSCHELN** stammen aus Aquakulturen. Sie werden nach Bedarf geerntet und lebend gehandelt – und sind nur sechs Tage lang haltbar. Deshalb bei verpackten Muscheln das Mindesthaltbarkeitsdatum überprüfen.

Extra viel VITAMIN B_{12}

Im Gegensatz zur Landtiermast werden in der Fischzucht keine wachstumsfördernden Futterzusätze verwendet. Antibiotika im Futter, wie sie bei Landtieren noch immer vorkommen, würden nämlich nichts nützen. **SAIBLINGE** und Forellen wachsen davon nicht besser, sondern schlechter.

ACHTUNG!

Beim Waschen die offenen, nach dem Kochen die geschlossenen Muscheln wegwerfen!

SAIBLING IM EIGENEN SAFT

Für 2 Portionen:
1 küchenfertiger Saibling
   (etwa 500 g, ersatzweise Forelle)
Salz, Pfeffer
2 Schalotten
2 EL Petersilienblätter
1 TL Estragonblättchen
10 g Butter
2 EL trockener französischer Wermutwein

1. Backofen vorheizen auf 200 °C (180 °C Umluft). Den Fisch kalt abspülen, abtrocknen, innen und außen salzen und pfeffern. Schalotten abziehen und würfeln, Kräuter hacken.
2. Den Fisch mit ⅔ der Kräuter, Schalotten und der Hälfte der Butter füllen. Ein Stück Alufolie mit der restlichen Butter bestreichen. Fisch drauflegen, mit Weißwein beträufeln und mit den restlichen Kräutern bestreuen.
3. Folie verschließen und den Saibling im Backofen 20 Minuten garen.
4. Alufolie öffnen, den Sud auffangen. Die Fischfilets von Haut und Gräten lösen. Den Sud durch ein feines Sieb über die Filets geben und servieren.

Pro Portion: 24 g Eiweiß, 7 g Fett, 0 g Kohlenhydrate, 0 g Ballaststoffe = 172 Kalorien

Den leckeren lachsähnlichen Fisch beim Händler vorbestellen oder direkt beim Fischzüchter kaufen.

MUSCHELN IM ROSMARINSUD

Für 2 Portionen:
1,5 kg Miesmuscheln
1 kleines Bund Suppengrün (250 g)
1 Zwiebel
1 Knoblauchzehe
1 Zweig Rosmarin
2 EL Rapsöl
100 ml trockener französischer Wermutwein
100 ml Gemüsebrühe (siehe S. 203)

1. Die Muscheln gründlich waschen. Das geht am besten in einer großen Schüssel mit kaltem Wasser. Die Muscheln etwas hin und her bewegen, damit sich noch anhaftender Sand löst. Die Schalen mit einer Bürste abschrubben, kalt abspülen. Geöffnete oder beschädigte Exemplare wegwerfen.
2. Das Gemüse putzen, Möhre und Sellerie in feine Streifen, Lauch in Ringe schneiden. Zwiebel und Knoblauchzehe schälen und hacken. Rosmarin fein hacken.
3. Öl in einem ausreichend großen Topf erhitzen und das Gemüse – bis auf den Lauch – darin glasig dünsten. Lauch, Wermut, Brühe und 1–2 TL Rosmarinnadeln zugeben und einmal aufkochen.
4. Die Muscheln zufügen, den Topf schließen. Etwa 8 bis 10 Minuten bei mittlerer Hitze garen, dabei ab und zu den Topf rütteln.
5. Die Muscheln in zwei Schüsseln anrichten, einen Teil des Suds darübergießen, den Rest extra reichen.

Pro Portion: 26 g Eiweiß, 16 g Fett, 16 g Kohlenhydrate, 4 g Ballaststoffe = 339 Kalorien

FISCHE FEIN KOMBINIERT

Die Schollen haben eine helle und eine dunkle Haut. Die dunkle zieht der Fischhändler ab, die helle wird mitgegart. Nimmt man wie im Rezept die helle Hautseite **NACH INNEN,** halten die Röllchen von selbst.

Top- quelle für OMEGA-3- FETTSÄUREN

Extra viel PROTEIN

SCHOLLENRÖLLCHEN ROT-GRÜN

Für 2 Portionen:

400 g Zucchini
1 EL Olivenöl
6 EL Gemüsebrühe (siehe S. 203)
4 Schollenfilets (etwa 250 g)
Salz, Pfeffer
2 EL Ajvar (Paprikazubereitung im Glas)
100 g fettarmer Joghurt (1,5 %)
1 TL Weizenmehl
1 TL Sojamehl
2 EL gehackter Estragon (oder Petersilie)

1. Zucchini putzen und in Scheiben schneiden. Olivenöl in einem Topf erhitzen und die Zucchini darin 2 Minuten andünsten. Brühe zugeben und zugedeckt 5 Minuten garen.
2. Die Schollenfilets mit der hellen Hautseite (die dunkle hat der Fischhändler bereits abgezogen) nach oben auf ein Brett legen und der Länge nach halbieren. Mit Salz und Pfeffer würzen, mit Ajvar bestreichen und aufrollen.
3. Joghurt mit Mehl und Sojamehl verrühren und unter die Zucchini rühren. Die Schollenfiletröllchen auf das Gemüse legen und zugedeckt bei schwacher Hitze etwa 5 Minuten im Dampf gar ziehen lassen.
4. Die Fischröllchen auf den Zucchini anrichten und mit Estragon bestreuen.

Pro Portion: 28 g Eiweiß, 10 g Fett, 10 g Kohlenhydrate, 3 g Ballaststoffe = 253 Kalorien

GEBRATENE MAKRELEN MIT ZWIEBEL-QUINOA

Für 2 Portionen:

125 g Quinoa
375 ml Gemüsebrühe (siehe S. 203)
1 EL Thymianblättchen
1 rote Zwiebel
1 Apfel
1½ EL Rapsöl
Salz, Pfeffer
1 küchenfertige Makrele (350 g)
1 EL Mehl

1. Quinoa in einem Sieb mit heißem Wasser abspülen, abgetropft mit der Brühe bei kleiner Hitze 20 Minuten zugedeckt garen. Abgießen, Thymian unterheben.
2. Zwiebel in Spalten schneiden, ebenso den gewaschenen und entkernten Apfel. Zwiebel in ½ EL Öl hell andünsten, zugedeckt glasig dünsten, Apfelspalten zufügen und 5 Minuten weiterschmoren. Mit Quinoa mischen, mit Salz und Pfeffer kräftig würzen.
3. Fisch kalt abspülen, trocknen und innen kräftig pfeffern. Das Mehl mit ½ TL Salz mischen, den Fisch darin wenden. Das restliche Öl in einer großen Pfanne erhitzen, den Fisch darin von jeder Seite etwa 5 Minuten braten. Pfanne von der Kochplatte ziehen und den Fisch noch 5 Minuten ruhen lassen. Mit Zwiebel-Quinoa servieren.

Pro Portion: 26 g Eiweiß, 22 g Fett, 59 g Kohlenhydrate, 7 g Ballaststoffe = 548 Kalorien

Schmecken macht schlank: Wer abnehmen möchte, nutzt am besten jede Gelegenheit, die eigene Zunge zu **TRAINIEREN.** Einfach neue Würzkombinationen probieren, konzentriert abschmecken, vergleichen, kombinieren und Neues entdecken. Das kitzelt die Belohnungssysteme im Kopf und schafft auf Dauer mehr Befriedigung bei weniger Kalorien.

Wer nichts von der Schärfe des **MEERRETTICHS** verlieren will, gibt ihn erst am Schluss ins Essen, denn durch Hitze verliert er an Würzkraft.

NOCH MEHR GESCHMACK

AROMA DURCH SAFT UND SCHALE

Richtig eingesetzt, zaubern Zitronen, Limetten, Orangen und Grapefruits überraschende neue Geschmacksnuancen und machen geläufige Gerichte originell. Einige Tropfen Saft reichen, um Saucen zu beleben und Schmorgerichte aufzufrischen. Die Schale unbehandelter Früchte liefert intensives Aroma, das jedoch mit vielen Gewürzen harmoniert. Mit einer scharfen Reibe kann man die Schale hauchfein direkt ins Gericht reiben. Zestenreißer heißt ein kleines Spezialmesser mit scharfen Ösen, das einem hilft, die Schale in dünnen Streifen abzuschälen.

ANREGEND FRUCHTIG

Nur frisch zeigen die Wurzelstöcke des Ingwers ihr hochfeines Aroma mit dezent harziger Note und einem Hauch Zitrone. Gute Qualität erkennt man an der glatten straffen Haut der Wurzel. Geschält und fein gehackt, roh oder mitgekocht, veredelt ein Stück Ingwer süße und herzhafte Gerichte mit blumiger Schärfe. Ein Bukett, nach dem man süchtig werden kann.

SCHARFE WURZELN

Meerrettichwurzeln sind von Oktober bis Mai frisch am Markt. Der Kauf lohnt sich, denn sie halten sich eine Weile im Kühlschrank. Frisch gerieben, gibt ihre würzige Schärfe vielen Suppen, Saucen, Salaten und sogar Desserts einen Zusatzkick, experimentieren lohnt sich also. Wasabi, der trendige Verwandte aus Japan, ist deutlich schärfer und besitzt ein besonderes Bukett. Allerdings bekommen wir Europäer ihn kaum jemals zu Gesicht, weil er rar und teuer ist. Was wir als grüne Pulver oder Pasten kaufen, ist meist gefärbter Meerrettich mit Senfpulver.

EIN SCHUSS ALKOHOL

Sitzen keine Kinder mit am Tisch, kann man beim Würzen auch mal zur Flasche greifen. Ein Schuss extratrockener Sherry oder Wermutwein (Vermouth) verleiht Brühen und Schmorgerichten mit seiner Kräuternote einen Hauch mehr Intensität und verstärkt die vorhandenen Aromen. Italienischer Wermut ist zum Kochen meist zu süß, also lieber einen französischen wählen.

FISCH UND CHIPS VOM BACKBLECH

Wer beim Fisch-imbiss Fish & Chips mit Remouladensauce kauft, bekommt etwa 850 Kalorien und 43 Gramm Fett in die Tüte. Dabei ist die Portion nicht größer als bei unserer **LEICHTVERSION!** Gespart: fast 500 Kalorien und 33 Gramm Fett.

500 KALORIEN SPAREN

Mehr Eiweiß, WENIGER FETT

So wie den Fisch kann man auch kleine Stücke Hähnchenfilet in **CORNFLAKES** panieren, mit wenig Öl beträufeln und im Backofen auf dem Blech knusprig backen. Backzeit ca. 15 bis 20 Minuten.

FISCH UND CHIPS

Für 3 Portionen:
500 g Kartoffeln
Salz, Pfeffer
1½ EL Rapsöl
50 g Cornflakes
1 gehäufter EL Mehl
½ TL Paprikapulver (edelsüß)
1 Eiweiß
400 g Kabeljaufilet

1. Backofen auf 200 °C vorheizen. Kartoffeln waschen, gründlich sauber bürsten oder mit dem Scheuerschwamm abschrubben. Mit der Schale in kleinfingerdicke längliche Spalten schneiden, in eine Schüssel geben, mit Küchenpapier trockentupfen. Salzen, pfeffern und ½ EL Öl untermischen. Kartoffeln auf einem mit Backpapier belegten Blech ausbreiten und im vorgeheizten Ofen etwa 10 Minuten backen.
2. Cornflakes grob zerkleinern und auf einen flachen Teller geben. Auf einem zweiten flachen Teller Mehl mit Paprika und ¼ TL Salz mischen. In einem Suppenteller das Eiweiß mit 1 EL Wasser kurz verschlagen.
3. Backofen auf 220 °C hochschalten. Fisch in Portionsstücke teilen. Jedes Stück erst in Mehl, dann in Eiweiß und zum Schluss in Cornflakes wenden. Zu den Kartoffeln aufs Blech legen, mit restlichem Öl beträufeln und in 20 Minuten goldbraun backen.

Pro Portion: 28 g Eiweiß, 6 g Fett, 29 g Kohlenhydrate, 2 g Ballaststoffe = 294 Kalorien

LEICHTE TATARSAUCE

Für 3 Portionen:
1 Lauchzwiebel
1 Gewürzgurke
1 TL Kapern
1 Becher fettarmer Joghurt (150 g; 1,5%)
3 TL Salatmayonnaise
1 TL Senf
1 EL Schnittlauchröllchen
Salz, Pfeffer, Tabasco

1. Lauchzwiebel putzen, der Länge nach vierteln und fein schneiden. Gewürzgurke in sehr kleine Würfel schneiden. Kapern hacken.
2. Joghurt mit Mayonnaise und Senf glatt rühren. Zwiebel- und Gurkenwürfel, Kapern und Schnittlauch untermischen.
3. Mit Salz, Pfeffer und ein paar Spritzern Tabasco abschmecken.

Pro Portion: 2 g Eiweiß, 4 g Fett, 3 g Kohlenhydrate, 0 g Ballaststoffe = 65 Kalorien

Die Tartarsauce passt auch zu gegrilltem Fleisch.

LEICHTES GEFLÜGEL MIT EINER PRISE RAFFINESSE

Beim Garen fließt schon viel vom Entenfett unter der Haut heraus. Genießer, die ihre Fettkalorien streng rationieren, schneiden die **KROSSE HAUT** beim Essen auf dem Teller ab. Das spart weitere 10 Gramm Fett und gut 100 Kalorien.

Top-quelle für PROTEIN

PERLHÜHNER bestechen durch ihren feinherben Wildgeschmack. Sie haben einen höheren Fleischanteil als Hühner, denn die Knochen des halbwilden Zuchtgeflügels sind dünner und das Fleisch magerer.

GEBRATENE ENTENBRUST

Für 2 Portionen:
1 Entenbrust (350 g)
Salz, Pfeffer

1. Backofen auf 200 °C (Umluft 175 °C) vorheizen. Entenbrustfilet trocken tupfen und die Hautseite mit einem scharfen Messer rautenförmig einschneiden.
2. Eine Pfanne erhitzen und die Entenbrust mit der Hautseite nach unten hineinlegen. Bei mittlerer Hitze 3 Minuten braten, Fleisch umdrehen und weitere 3 Minuten braten.
3. Das Fleisch salzen und pfeffern. In eine flache ofenfeste Form legen und im vorgeheizten Backofen bei 200 °C 15 bis 20 Minuten garen.
4. Die Entenbrust aus dem Ofen nehmen, 5 Minuten ruhen lassen, dann schräg in dünne Scheiben schneiden und servieren.

Pro Portion: 31 g Eiweiß, 18 g Fett, 0 g Kohlenhydrate, 0 g Ballaststoffe = 292 Kalorien
Ohne Haut pro Portion: 27 g Eiweiß, 8 g Fett, 0 g Kohlenhydrate, 0 g Ballaststoffe = 180 Kalorien

GESCHMORTES PERLHUHN

Für 4 Portionen:
1 Perlhuhn (1,2 kg; ersatzweise 1 Poularde)
Salz, Pfeffer, Thymian
½ EL Mehl
2 EL Rapsöl
300 ml Geflügelbrühe (siehe S. 203)
2 Äpfel
1 EL Puderzucker
1 EL Butter
100 ml Apfelwein
50 ml trockener französischer Wermutwein
2 EL Sauerrahm (siehe S. 197)

1. Backofen auf 175 °C vorheizen. Perlhuhn kalt abspülen, trocken tupfen. Mit Salz, Pfeffer und Thymian würzen, mit Mehl bestäuben und in einem Bräter von allen Seiten in Öl anbraten. Mit 150 ml Brühe ablöschen, 45 bis 60 Minuten im Ofen braten.
2. Äpfel schälen, entkernen und in Spalten schneiden. Puderzucker mit Butter erhitzen, Apfelspalten darin wenden. Mit restlicher Brühe, Apfelwein und Wermut im Topf zugedeckt 3 Minuten garen.
3. Perlhuhn herausnehmen und zerlegen. Bratenfond entfetten (Fettabscheidekännchen), mit Sauerrahm verrühren, mit Salz und Pfeffer kräftig abschmecken und als Sauce zu Perlhuhn und Äpfeln servieren.

Pro Portion: 49 g Eiweiß, 19 g Fett, 19 g Kohlenhydrate, 2 g Ballaststoffe = 460 Kalorien

BRATEN IM BACKOFEN: WENIG MÜHE, WENIG KALORIEN

Die Schenkel sind gar, wenn beim Anstechen klarer Saft austritt. Ist er **ROSA**, noch einige Minuten weiterbraten.

Top-quelle für PROTEIN

Top-quelle für VITAMIN B12

WÜRZIGE HÜHNERBEINE

Für 4 Portionen:
4 Hühnerbeine (ca. 800 g)
2 Knoblauchzehen
½ unbehandelte Zitrone
2 TL Fenchelsamen (evtl. aus dem Teebeutel,
    ersatzweise Edelsüßpaprika)
Salz, Pfeffer

1. Backofen auf 180 °C (Umluft 160 °C) vorheizen. Hühnerbeine kalt abspülen und abtrocknen. Knoblauch schälen. Zitronenschale abreiben und den Saft auspressen. Zerdrückten Knoblauch mit Fenchelsamen, Salz, Pfeffer, Zitronensaft und -schale verrühren.
2. Den Würzmix unter die Haut der Hühnerbeine geben. Das geht am besten so: Fingerspitzen zwischen Haut und Fleisch der Hühnerbeine schieben und dabei die Haut lockern. Den Würzmix mit einem Teelöffel in die Öffnung schieben, den Rest auf die Oberfläche der Schenkel verteilen.
3. Die Schenkel auf den Rost des Backofens legen, das Blech darunterschieben, um das austretende Fett aufzufangen. In 30 bis 35 Minuten hellbraun braten. Vor dem Servieren 5 Minuten ruhen lassen.

Pro Portion: 41 g Eiweiß, 19 g Fett, 0 g Kohlenhydrate, 0 g Ballaststoffe = 340 Kalorien

Kalorientipp: Wenn man die Haut abzieht, spart man ca. 140 Kalorien.

SCHWEINEBRATEN VOM BLECH

Für 5 Portionen:
750 g Schweinerücken ohne Knochen
Salz, Pfeffer
1 EL Rapsöl
frischer Thymian zum Anrichten

1. Den Backofen mit dem Backblech auf 80 °C vorheizen; eventuell die Temperatur mit einem Backofenthermometer prüfen.
2. Das Fleischstück rundherum mit Salz und Pfeffer würzen. Den Braten auf das vorgewärmte Blech geben und in den vorgeheizten Backofen schieben. 3 Stunden bei 80 °C garen.
3. Das Fleisch mit Öl bestreichen. Den Backofengrill einschalten und das Fleisch grillen, bis eine schöne hellbraune Kruste entstanden ist, dabei das Fleisch mehrmals wenden. Den Braten herausnehmen, kurz ruhen lassen und mit Thymian garniert servieren.

Pro Portion: 32 g Eiweiß, 9 g Fett, 0 g Kohlenhydrate, 0 g Ballaststoffe = 217 Kalorien

Wieso man sich bei diesem Gericht das Kalorienkonto nicht ruiniert und trotzdem Spaß hat, ist eigentlich ganz einfach zu erklären: Das recht magere Fleisch gart bei nur 80 °C und wird so nicht trocken. Bei dieser niedrigen Temperatur entsteht aber auch keine Kruste, deshalb wird der Braten am Schluss noch kurz unter dem Grill gebräunt. Dieses Prinzip funktioniert so oder so ähnlich auch bei anderen Fleischsorten und -stücken.

VOLUMETRICS –
GUT GEFÜLLTE TELLER

Suppen machen dick? Das stimmt nur für Cremesuppen, die zum größten Teil aus Sahne bestehen! Wer auch **MIT WENIGER KALORIEN** satt werden möchte, beginnt die Mahlzeit mit einer Gemüsesuppe wie unserer Minestrone. Eine würzige Brühe wärmt und stillt den ersten Hunger. Wer sie langsam und genüsslich löffelt, kann entspannen und wird sensibler für die „Satt"-Meldung des Magens.

Möhren, **KOHLRABI**, Spinat und Konsorten füllen einen Essteller mit gerade mal 100 Kalorien. So auch unser Rotkohlsalat.

Viel essen und dabei abnehmen, das geht, weil Lebensmittel mit einem hohen Wasseranteil **ÜPPIGES VOLUMEN** auf den Teller bringen, aber weniger Kalorien liefern als andere. So funktioniert es auch bei unserer Kohlsuppe.

Leckere Melonen-Himbeer-Komposition: Die Natur komponiert ihre Light-Produkte trickreicher als jeder Hersteller. An Melonen und Himbeeren können Produktdesigner studieren, wie man Wasser clever in eine **LECKER-FESTE FORM** bringt und das Ganze so aromatisiert, dass ausgemachte Gourmets in Entzücken geraten.

Weil der Pilzkörper fast nur aus Wasser und etwas Eiweiß besteht, liefern **ZUCHT- UND WILDPILZE** wenig Kalorien. Schon mit einer 250-g-Portion gegarter Pilze und rund 70 Kalorien könnte man seinen Tagesbedarf an den zwei wichtigen B-Vitaminen Biotin und Pantothensäure decken. Unser Pilzsalat bietet nicht ganz so viel, schmeckt dafür aber besser.

ROTKOHLSALAT MIT GRAPEFRUIT VGN

Für 5 Portionen:
500 g Rotkohl
½ unbehandelte Zitrone
100 ml Rotwein- oder Sherryessig
Salz, Pfeffer
1 Apfel
1 rosa Grapefruit
2 EL Walnussöl
etwas Zucker oder Süßstoff

1. Rotkohl putzen und in sehr feine Streifen schneiden. Den Kohl mit kochendem Wasser übergießen, kurz stehen lassen und abgießen. Abgetropft mit dem Saft der Zitrone, etwas abgeriebener Zitronenschale und dem Essig mischen. Salzen, pfeffern.

2. Den Kohl mindestens 1 Stunde, besser über Nacht ziehen lassen. Ein-, zweimal mit einem Holzstampfer oder dem Rücken einer Kelle stampfen, damit das Gemüse mürbe wird.

3. Kurz vor dem Essen den Apfel waschen, mit Schale raspeln und unter den Kohl mischen. Die Grapefruit im Ganzen so schälen, dass die dicke weiße Haut vollkommen entfernt wird. Mit einem Messer die Fruchtsegmente herauslösen und zum Rotkohl geben.

4. Das Öl unterheben. Den Salat mit Salz, 1 Prise Zucker oder etwas Süßstoff und Pfeffer nachwürzen.

Pro Portion: 2 g Eiweiß, 4 g Fett, 13 g Kohlenhydrate, 3 g Ballaststoffe = 105 Kalorien

KOHLSUPPE MIT BUNTEM GEMÜSE VGN

Für 4 Portionen:
600 g Weißkohl
700 g Chinakohl
200 g grüne Bohnen
2 Möhren
1 rote Paprikaschote
3 Kartoffeln
2 Zwiebeln
1 Knoblauchzehe
2 EL Olivenöl
1 l Brühe (siehe S. 203)
Salz, Pfeffer
2 EL Petersilienblättchen

1. Beide Kohlsorten, Bohnen, Möhren, Paprikaschote und Kartoffeln putzen, waschen und klein schneiden. Zwiebeln und Knoblauchzehe schälen und würfeln.

2. In einem großen Topf das Olivenöl erhitzen, Zwiebelwürfel goldbraun darin andünsten. Gemüse- und Kartoffelwürfel dazugeben, einige Minuten mitschmoren lassen.

3. Die Brühe zum Gemüse gießen. Mit Salz und Pfeffer abschmecken, 20–30 Minuten garen. Suppe vor dem Servieren mit gehackter Petersilie bestreuen.

Pro Portion: 7 g Eiweiß, 6 g Fett, 24 g Kohlenhydrate, 10 g Ballaststoffe = 187 Kalorien

Variante: Frisches Sauerkraut mit einer Schere klein schneiden und am Schluss in der Gemüsesuppe kurz erhitzen.

MINESTRONE VT

Für 4 Portionen:
2 Zwiebeln
1 Knoblauchzehe
2 Zucchini (etwa 300 g)
2 Möhren
200 g Staudensellerie
200 g Lauch
1 EL Olivenöl
500 ml Brühe (siehe S. 203)
250 ml Gemüsesaft
1 EL geriebener Pecorino
   oder Grana Padano
einige Basilikumblätter

1. Zwiebeln und Knoblauch schälen und würfeln. Zucchini, Möhren, Lauch und Sellerie putzen und klein schneiden.
2. Das Olivenöl in einem Topf erhitzen. Zwiebeln und Knoblauch darin glasig dünsten. Das vorbereitete Gemüse zufügen und kurz andünsten.
3. Brühe und Gemüsesaft dazugießen. Die Suppe 5 bis 10 Minuten kochen lassen, in Suppenteller füllen. Käse und fein geschnittenes Basilikum auf die Suppe geben und servieren.

Pro Portion: 4 g Eiweiß, 4 g Fett, 9 g Kohlenhydrate, 4 g Ballaststoffe = 94 Kalorien

MELONE MIT HIMBEEREN VGN

Für 2 Portionen:
1 kleine Honigmelone
150 g frische oder
   tiefgekühlte Himbeeren
Minzeblättchen oder
   Zitronenmelisse

1. Melone halbieren, Kerne mit einem Löffel herausschaben. Das Fruchtfleisch mit einem Esslöffel herausheben und würfeln oder mit einem Kugelausstecher herauslösen.
2. Die Melonenstücke mit den verlesenen Himbeeren in eine Schüssel geben. 2 Stunden im Kühlschrank durchziehen lassen. Die Melonenhälften mit dem Fruchtsalat füllen und mit Minzeblättchen dekorieren.

Pro Portion: 3 g Eiweiß, 0 g Fett, 29 g Kohlenhydrate, 5 g Ballaststoffe = 140 Kalorien

Tutti frutti: Fruchtsalate sind ideal als Dessert. Sie stillen den Appetit auf Süßes, runden die Mahlzeit ab und füllen den Magen.

CHAMPIGNONSALAT VGN

Für 3 Portionen:
200 g Champignons
1 Bund Radieschen
½ Kopf grüner Salat
1 kleine Handvoll Kerbel
   (oder Rucola)
2 EL Weinessig
1 TL Senf
2 EL Apfel- oder Orangensaft
1 Knoblauchzehe
Salz, Pfeffer
2 EL kaltgepresstes Sonnenblumen- oder Erdnussöl

1. Champignons und Radieschen putzen und in Scheiben schneiden. Salat waschen, trocknen und eine flache Schüssel damit auslegen.
2. Kerbel etwas zerkleinern. Mit Champignons und Radieschen gemischt auf die Salatblätter füllen.
3. Essig mit Senf, Saft und zerdrücktem Knoblauch verrühren, salzen und pfeffern. Öl unterschlagen und die Sauce über den Salat gießen.

Pro Portion: 4 g Eiweiß, 7 g Fett, 3 g Kohlenhydrate, 3 g Ballaststoffe = 93 Kalorien

Dazu schmeckt gebratener Paneer (Seite 197) und Weizenvollkornbrot.

HERZHAFT-LEICHTE EIERGERICHTE

Extra viel PROTEIN

Unsere Paprika-Frittata ist eine **TOPQUELLE** für Vitamin A.

Hier können Sie **DIE HÄLFTE KALORIEN UND FETT** im Vergleich zu einem klassischen Bauernfrühstück sparen!

PAPRIKA-FRITTATA VT

Für 2 Portionen:
1 rote oder gelbe Paprikaschote (200 g)
1 Zwiebel
1 Knoblauchzehe
2 EL Maiskörner (Dose)
1 EL Rapsöl
2 Eier
2 Eiweiße
3 EL fettarme Milch (1,5 %)
Salz, Pfeffer, Chiliflocken
½ kleiner Kopf Eichblattsalat

1. Backofen auf 200 °C (Umluft 175 °C) vorheizen. Paprika klein schneiden, Zwiebel in Streifen schneiden. Den Mais gut abtropfen lassen.

2. Öl in einer backofenfesten Pfanne erhitzen. Die Paprikastücke darin etwa 5 Minuten braten. Zwiebeln und durchgepressten Knoblauch kurz mitbraten.

3. Eier und Eiweiße mit Milch, Salz, Pfeffer und ein paar Chiliflocken gut verquirlen. Mais zu den Paprikastücken in die Pfanne geben, mischen und die Eiermilch darübergießen. Alles in der Pfanne im vorgeheizten Backofen rund 20 Minuten stocken lassen.

4. Salat putzen, waschen und trocknen. Einen großen Teller mit dem Salat auslegen und die Frittata daraufgleiten lassen.

Pro Portion: 14 g Eiweiß, 11 g Fett, 10 g Kohlenhydrate, 3 g Ballaststoffe = 200 Kalorien

BAUERNFRÜHSTÜCK

Für 2 Portionen:
350 g Kartoffeln (festkochende Sorte)
Salz
2 Lauchzwiebeln
1 Möhre
2 EL Rapsöl
50 g magere Schinkenwürfel (2 %)
½ TL Thymian- oder Majoranblättchen
3 Eier
3 EL Buttermilch
Pfeffer
2 saure Gurken

1. Kartoffeln mit Schale in Salzwasser 20 Minuten kochen. Abgießen und mit kaltem Wasser bedecken. 5 Minuten stehen lassen, damit man die Schale leichter abziehen kann. Kartoffeln würfeln oder in Scheiben schneiden.

2. Lauchzwiebeln putzen und fein schneiden. Möhre schälen und grob raspeln. Öl in einer Pfanne erhitzen. Kartoffeln darin hellbraun braten. Zwiebeln und Möhrenraspel darüber verteilen. Mit Deckel 3 Minuten dünsten.

3. Schinkenwürfel und Thymian darübergeben. Eier mit Buttermilch verquirlen, salzen und über die Kartoffeln gießen. Pfeffern. Mit Deckel bei mittlerer Hitze garen, bis die Eier gestockt, aber noch nicht trocken sind.

4. Das Bauernfrühstück auf die Hälfte zusammenfalten und auf einen Teller gleiten lassen. Mit Gurken anrichten.

Pro Portion: 19 g Eiweiß, 19 g Fett, 29 g Kohlenhydrate, 4 g Ballaststoffe = 378 Kalorien

Im Vergleich zu üblichen Saucen und größeren Nudelportionen rund **150 KALORIEN** gespart! Zum Sattwerden mit einer großen Schüssel Salat servieren.

1

2

4

3

5

PERFEKT!

Unsere aromatische Tomatensauce kostet wenig, macht kaum Arbeit und lässt sich für jeden Geschmack abwandeln.

MINUTEN-SPAGHETTI

Für 4 Portionen: 1 große Dose Tomaten, 1 EL Öl, 2–3 Knoblauchzehen, Salz, 300 g Spaghetti, Kräuter nach Geschmack

Nudelwasser aufsetzen. Mit dem Pürier-stab die Tomaten in der Dose zerkleinern. Öl in einer großen, tiefen Pfanne erhitzen.

Knoblauchzehen abziehen und ins heiße Öl pressen. Kurz andünsten, bis der Knob-lauch zu duften beginnt.

Die zerkleinerten Tomaten aus der Dose in die Pfanne gießen. 15 Minuten bei milder Hitze offen köcheln. Salzen. Inzwischen die Nudeln in Salzwasser al dente kochen.

Beim Abgießen das Nudelwasser auf-fangen. Spaghetti mit etwas Nudelwasser zur Sauce in die Pfanne geben. Kräuter zu-fügen, kurz erhitzen und sofort servieren.

Pro Portion: 10 g Eiweiß, 4 g Fett, 56 g Kohlen-hydrate, 6 g Ballaststoffe = 307 Kalorien

1 300 g tiefgekühlten oder frisch ge-garten Brokkoli auf den Nudeln an-richten (plus 25 Kalorien).

2 400 g Suppengrün putzen und fein würfeln, in 1 EL Olivenöl kurz und kräftig anbraten, in der geschlosse-nen Pfanne gardünsten und unter die Nudeln mischen (plus 40 Kalorien).

3 200 g gegarte Shrimps mit den Nu-deln in der Pfanne kurz erhitzen. Mit ei-nem Kästchen abgeschnittener Kres-se bestreut servieren (plus 50 Kalorien).

4 Beim Nudelkochen in den letzten 5 Minuten 100 g aufgetaute Tiefkühl-erbsen mitgaren. Jede Spaghetti-Portion mit ½ EL geriebenem Gran-Padano- oder Parmesan-Käse und einigen grob zerkleinerten Basilikum-blättern bestreuen (plus 45 Kalorien).

5 300 g Hähnchenfilet in Streifen schneiden. Mit 2 TL Öl in einer be-schichteten Pfanne hellbraun braten. Mit abgeriebener Bio-Zitronenschale und Pfeffer würzen. Auf den Nudeln anrichten (plus 90 Kalorien).

LEICHTE GRILLSAUCEN AUS DER EIGENEN KÜCHE

Mit selbstgemachter heller Sauce **SPART** man bei jeder 2-EL-Portion bis zu 10 Gramm Fett und bis zu 85 Kalorien. Das lohnt sich!

Mehr Gemüse, **WENIGER ZUCKER:** Gekaufte rote Grillsaucen enthalten pro 100 Gramm zwischen 15 und 30 Gramm Zucker und damit 60 bis 120 Kalorien mehr als die selbstgemachte Sauce.

Tomaten für Saucen, Salate oder diese Salsa nicht häuten und entkernen, sonst schmeißt man das Beste weg: nämlich die wertvollen **BALLASTSTOFFE** aus Haut und Kernen und das Vitamin C, das sich vor allem in der Flüssigkeit zwischen den Kernen befindet.

PERFEKT!
Heiß abgefüllt hält sich die Grillsauce etwa 3 Wochen im Kühlschrank.

TOMATEN-SALSA VGN

Für 10 Portionen:
2 kleine Tomaten (100 g)
2 Schalotten
100 ml milder Weißweinessig
   (Balsamessig)
2 TL Zucker
½ TL Salz
2 EL glatte Petersilie
nach Wunsch: 1 Stück Gurke

1. Tomaten fein würfeln, Schalotten schälen und würfeln.
2. Essig mit Zucker und Salz mischen. Mit Tomaten, Schalotten und der gehackten Petersilie, nach Wunsch auch Gurke (entkernt und gewürfelt), vermengen.

Pro Portion: 6 g Eiweiß, 0 g Fett, 2 g Kohlenhydrate, 0 g Ballaststoffe = 42 Kalorien

Variante 1: Zusätzlich 1 bis 2 fein gewürfelte getrocknete Tomaten (ohne Öl) in die Salsa geben.

Variante 2: Etwas Essig durch Limettensaft ersetzen. Mit abgeriebener Limettenschale würzen.

HELLE GRILLSAUCE VT

Für 15 Portionen à 30 g:
½ Salatgurke (ca. 200 g)
2–3 Knoblauchzehen
250 g stichfester fettarmer Joghurt
   (1,5 %)
2 EL Mayonnaise (50 % Fett)
2 EL Zitronensaft
Salz, Pfeffer, 1 Prise Zucker

1. Gurke schälen, der Länge nach halbieren und die Kerne mit einem Löffel herausschaben. Das Fruchtfleisch fein würfeln. Knoblauch schälen und durch die Presse drücken.
2. Joghurt mit Mayonnaise und Zitronensaft glatt rühren. Gurkenwürfel und Knoblauch unterrühren.
3. Die Sauce mit Salz, Pfeffer und Zucker sehr kräftig abschmecken.

Pro Portion: 1 g Eiweiß, 2 g Fett, 1 g Kohlenhydrate, 0 g Ballaststoffe = 28 Kalorien

Passt zu Geflügel, Fisch, Scampi und Hacksteaks.

ROTE GRILLSAUCE VGN

Für 15 Portionen:
1 Gemüsezwiebel (250 g)
1–2 Knoblauchzehen
250 g rote Paprikaschoten
1 kleine Zucchini (200 g)
1 EL Rapsöl
Salz
2 frische Lorbeerblätter
400 ml passierte Tomaten
1 EL Rotweinessig
1 Löffelspitze Chiliflocken

1. Zwiebel und Knoblauch schälen und würfeln. Paprikaschoten waschen, entkernen und das Fruchtfleisch würfeln. Zucchini putzen und grob raspeln.
2. Öl in einem Topf erhitzen und die Zwiebel darin glasig dünsten. Salzen. Paprika, Zucchini, 3–4 EL Wasser und die Lorbeerblätter zufügen. Bei milder Hitze zugedeckt 10 Minuten schmoren.
3. Passierte Tomaten, Essig und Chiliflocken zufügen. Die Mischung noch einmal aufkochen. Falls die Sauce zu dünn ist, im offenen Topf etwas einkochen lassen.

Pro Portion: 1 g Eiweiß, 1 g Fett, 2 g Kohlenhydrate, 1 g Ballaststoffe = 22 Kalorien

LUFTIG-LEICHTE SAUCENKLASSIKER

Leicht und lecker: Selbstgemachte Helle Sauce. Fertige **BÉCHAMELSAUCE** enthält viermal so viel Fett und dreimal so viele Kalorien.

Die griechische **ZITRONENSAUCE**, die Saltsa Avgolemono, schmeckt wunderbar zu Räucherfisch und Pellkartoffeln. Passt auch zu gedünstetem Fisch, zu Krustentieren und hellem kurzgebratenem Fleisch wie Putensteaks oder Kalbsschnitzel.

Eine Portion gekaufte Sauce **HOLLANDAISE** aus dem Tetrapak enthält mit etwa 30 Gramm Fett doppelt so viel wie unsere leichte Version und hat rund 50 Kalorien mehr.

KRÄUTER-HOLLANDAISE

Für 4 Portionen:
250 ml Rinder- oder
    Geflügelbrühe (siehe S. 205)
20 g Speisestärke
2 Eigelb
50 g kalte Butter
Zitronensaft
Salz, Pfeffer, Zucker
1 EL gehackte Kräuter (z. B. Peter-
    silie, Estragon, Thymian, Minze
    oder Schnittlauch)

1. Brühe mit Stärke in einem kleinen hohen Topf mischen, unter Rühren aufkochen, von der Herdplatte ziehen.
2. Eigelbe und die gut ge-kühlte Butter in kleinen Stü-cken zufügen, dabei die Sauce mit dem Stabmixer kräftig aufmixen.
3. Zum Erwärmen den Topf noch einmal kurz auf die ab-geschaltete oder ganz nied-rig eingestellte Herdplatte stellen. Die Sauce mit Zitro-nensaft, Zucker, Pfeffer und Salz abschmecken. Kräuter unterrühren, noch einmal kurz aufmixen und die Sauce sofort servieren.

Pro Portion: 12 g Eiweiß, 15 g Fett, 12 g Kohlenhydrate, 0 g Bal-laststoffe = 240 Kalorien

HELLE SAUCE

Für 6 Portionen (500 ml):
2 EL Öl (z. B. Raps-, Walnuss-
    oder Sonnenblumenöl)
30 g Dinkel- oder Weizenmehl
200 ml fettarme Milch (1,5 %)
300 ml Fleisch- oder
    Gemüsebrühe (siehe S. 203)
Zitronensaft, Salz, Pfeffer

1. Das Öl in einem Topf er-hitzen. Mehl zugeben und mit einem Schneebesen un-terrühren. Kurz erhitzen. Die Milch zugießen. Unter Rüh-ren aufkochen, bis die Sauce bindet und dick wird. Brühe zugießen und wieder unter Rühren aufkochen.
2. Die Sauce etwa 10 Minu-ten im offenen Topf bei milder Hitze kochen, dabei immer wieder umrühren. Mit Zitro-nensaft, Salz und Pfeffer ab-schmecken.

Pro Portion: 3 g Eiweiß, 4 g Fett, 5 g Kohlenhydrate, 0 g Ballaststoffe = 67 Kalorien

Variante: Für eine Käsesauce 2 EL geriebenen Parmesan oder Grana Padano (plus 10 Kalorien pro Porti-on) unterrühren. Passt gut zu Blu-menkohl oder Kohlrabi und zum Überbacken von Aufläufen.

GRIECHISCHE ZITRONENSAUCE [VT]

Für 4 Portionen:
2 Eier
Salz
4 EL Zitronensaft
Pfeffer

1. Die Eier mit einer Gabel kurz verschlagen und in ei-nen Topf geben. Auf die Herdplatte setzen und auf kleinste Hitze stellen; bei Gas- oder Induktionsherden den Topf ins heiße Wasser-bad setzen, damit die Eier nicht gerinnen.
2. Die Eier mit 1 Prise Salz schaumig schlagen und da-bei löffelweise den Zitronen-saft zugeben. So lange schla-gen, bis der Schaum feinpo-rig und dicklich wird. Sollte sich am Topfboden eine Schicht bilden, den Topf vom Herd ziehen und eine Weile weiterschlagen.
3. Die Sauce mit Salz und Pfeffer kräftig würzen und sofort servieren, wenn sie cremig geworden ist.

Pro Portion: 3 g Eiweiß, 3 g Fett, 1 g Kohlenhydrate, 0 g Ballaststoffe = 45 Kalorien

Luxus-kalorien

Kuchen, Chips und Eisportionen: Snacks aus dem Supermarktregal trüben die Kalorien-Tagesbilanz oft ganz erheblich. Man muss aber nicht verzichten: Wenn süße und salzige Snacks aus der eigenen Küche kommen und auf leichte Art glücklicher machen, ist alles gut. Bei der Rezeptentwicklung haben wir selbst gestaunt, welche Einsparungen möglich sind.

SCHLANKE KLASSIKER

Zur Panna Cotta schmecken frische Früchte oder **BEERENSAUCEN.** Dafür beispielsweise 400 g Erdbeeren – auch gefroren – pürieren, mit 1 EL Balsamico und Zucker oder Süßstoff abschmecken. Macht 150 bis 200 Kalorien.

Gegenüber typischer **PANNA COTTA** gespart: etwa 240 Kalorien und 25 Gramm Fett. Anders gesagt: Die leichtere Joghurt-Variante hat gerade mal halb so viel Kalorien.

Klassisches **TIRAMISU** enthält etwa 30 Gramm Fett und fast 500 Kalorien. Hier gespart: pro Portion gut 20 Gramm Fett und fast 300 Kalorien.

GRIECHISCHE PANNA COTTA [VT]

Für 4 Portionen:
4 Blatt weiße Gelatine
600 g griechischer Joghurt (10 % Fett)
2 Päckchen Vanillezucker
20 g Zucker
Süßstoff

1. Die Gelatineblätter in kaltem Wasser einweichen, tropfnass bei milder Hitze im Kochtopf oder in der Mikrowelle auflösen. Nacheinander 2–3 EL Joghurt unter die warme Gelatine rühren. Den Mix mit dem restlichen Joghurt vermischen. Vanillezucker und Zucker unterrühren, mit Süßstoff abschmecken.
2. Den Joghurtmix in vier kleine Gläser oder Förmchen verteilen und im Kühlschrank fest werden lassen. Zum Servieren die Formen kurz in heißes Wasser tauchen und die Panna cotta auf flache Teller stürzen.

Pro Portion: 6 g Eiweiß, 15 g Fett, 14 g Kohlenhydrate, 0 g Ballaststoffe = 222 Kalorien

In der Blase links finden Sie ein Rezept für eine passende Beerensauce. Ansonsten schmecken frische oder aufgetaute Beeren dazu. Im Winter können Sie Orangenfilets zur Panna cotta servieren.

Variante: Für ein Schoko-Dessert den Joghurt vor der Zugabe von Gelatine mit 2 EL ungesüßtem Kakao verrühren.

BEEREN-TIRAMISU [VT]

Für 6 Portionen:
80 g Löffelbiskuits
60 ml Kaffee (oder Kakao)
60 g Amarettini (kleine Mandelmakronen)
250 g gefrorene Himbeeren
500 g Magerquark
1 EL Inulin-Soja-Mix (siehe S. 217)
2 Päckchen Vanillezucker
2 TL Kakao

1. Eine flache Form (etwa 20 cm x 20 cm) mit Löffelbiskuits auslegen, den Kaffee darüberträufeln. Amarettini in einen Tiefkühlbeutel geben und mit einer Kuchenrolle grob zerkleinern. Die Brösel auf die Biskuits geben, Himbeeren darüber verteilen.
2. Den Quark mit 3–4 EL Wasser in eine Schüssel geben. Inulin-Soja-Mix und Vanillezucker zufügen und alles mit einem Schneebesen cremig rühren.
3. Den Quark auf die Himbeeren verteilen. Alles über Nacht durchziehen lassen. Zum Servieren den Kakao in ein feines Sieb geben und die Oberfläche bestäuben.

Pro Portion: 16 g Eiweiß, 5 g Fett, 21 g Kohlenhydrate, 4 g Ballaststoffe = 198 Kalorien

Soll das Tiramisu ohne Wartezeit sofort serviert werden, angetaute Himbeeren mit einer Gabel zerkleinern und die Biskuits mit etwas mehr Kaffee, also etwa 80–100 ml, tränken.

Variante: Statt Himbeeren Apfelkompott nehmen. Dafür 4 geschälte, klein geschnittene Äpfel mit 1 EL Zitronensaft und 2–3 EL Wasser garen. Winterlich: Anstelle von Löffelbiskuits Honigkuchen als Basis verwenden.

LEICHT, FRISCH UND SAFTIG – APFELKUCHEN WIE FRÜHER

Hefekuchen wie dieser sind frisch **UNÜBERTREFFLICH.** Deshalb Reste sofort einfrieren. Das lohnt sich sogar, wenn man am nächsten Tag wieder davon essen möchte. Die Stücke tauen auf dem Brötchenaufsatz des Toasters innerhalb von Minuten auf.

Verglichen mit einem Stück Apfel-Streusel-Kuchen vom Bäcker, das etwa 160 Gramm wiegt, kann man 280 Kalorien und **13 GRAMM FETT SPAREN** mit unserer frisch gebackenen Variante.

Für 12 Stücke:

250 g Mehl
1 EL Weizenkleie
1 EL Zucker
1 TL Vanillezucker
125 ml fettarme Milch (1,5 %)
Süßstoff
15 g frische Hefe (⅓ des Würfels)
3 EL Rapsöl
1,2 kg Äpfel
1 Zitrone
2 TL Weizenmehl zum Ausrollen
2 EL Streusüße

1. Mehl mit Weizenkleie, Zucker und Vanillezucker in einer Schüssel mischen. Die Milch mit Süßstoff abschmecken und die Hefe in der Milch auflösen.

2. Hefemilch und Öl zum Mehl geben. So lange kneten, bis sich der Teig zu einem Ball formt und sich vom Schüsselrand löst.

3. Den Teig mit geölter Klarsichtfolie zudecken und bei Zimmertemperatur aufgehen lassen, bis er sich im Volumen etwa verdoppelt hat. Inzwischen Äpfel schälen, entkernen, in Spalten schneiden und mit Zitronensaft mischen.

4. Backofen auf 200 °C vorheizen. Ein Backblech mit Backpapier auslegen. Den Teig auf einer bemehlten Arbeitsfläche ausrollen und aufs Blech legen. Mit den Händen in Form drücken, dabei den vorderen Rand etwas hochziehen, damit kein Saft ausläuft.

5. Den Teig dicht mit Apfelspalten belegen und das Blech in den Backofen schieben. Etwa 25 bis 30 Minuten backen. Den Kuchen vom Blech ziehen, etwas abkühlen lassen und mit Streusüße bestäuben. Ofenfrisch servieren.

Pro Portion: 3 g Eiweiß, 3 g Fett, 33 g Kohlenhydrate, 3 g Ballaststoffe = 178 Kalorien

Dazu passt geschlagene Kochsahne. Sie wird nicht ganz so steif wie fette Sahne, schmeckt aber köstlich zu diesem Apfelkuchen.

Süßstoff und Geschmack

Verwendet man Süßstoff allzu großzügig, stört oft ein **künstlicher, metallischer oder lakritzähnlicher Beigeschmack** das süße Vergnügen. Eine Mischung von Zucker und Süßstoff spart ebenfalls Kalorien, schmeckt aber viel angenehmer. Unbefangene Testesser bemerken dann oft gar nicht, wenn für ein Gericht Süßstoff verwendet wurde.

NEUE TV-SNACKS

MANCHMAL MUSS ER EINFACH SEIN, der Abend auf dem Sofa vor der Glotze. Was nicht sein muss: fetter Knabberkram. Hier sind die Alternativen.

Studien sagen: Von scharf gewürzten **SNACKS** wie diesen Chili-Chips isst man im Schnitt weniger als von salzig-fettigen Sachen.

WIRSING-CHIPS

HAFER-STICKS

Leckere gefüllte Kirschtomaten: Nimmt man 5 davon, enthält die gleiche Menge abgetropfte **ANTIPASTI** aus dem Glas mindestens 14 Gramm Fett und 152 Kalorien. Gespart: 13 Gramm Fett und 107 Kalorien.

Die gleiche Menge, also eine Handvoll, süßes **POPCORN** liefert 15 Prozent mehr Kalorien, Maischips bringen es auf gut dreimal so viel Kalorien und Kartoffelchips auf fast die vierfache Kalorienzahl.

Popcorn ist ein Vollkornprodukt, also nicht die schlechteste Wahl, wenn es um Knabberzeug geht. Ohne Fettzugabe gelingt es nur in der **MIKROWELLE** richtig fluffig.

GEWÜRZ-RÖLLCHEN

Viel Geschmack, **WENIG KALORIEN**

Extra viele **BALLAST-STOFFE**

WIRSING-CHIPS ^{VGN}

Für 10 Portionen:
1 Kopf Wirsing
1 EL Olivenöl
Salz
evtl. Paprika, Chili, Curry,
   Kreuzkümmel

1. Backofen auf 140 °C Umluft vorheizen. Vom Kohl 3–4 möglichst krause Blätter (etwa 200 g) ablösen (den Rest des Kohls anderweitig verwenden), in mundgerechte Stücke zupfen, dabei die dicken Blattrippen zurücklassen.
2. Die Kohlstückchen waschen und gut trocknen. Mit Öl in einer Schüssel gleichmäßig durchmischen. Auf ein mit Backpapier belegtes Blech ausbreiten. Leicht salzen und evtl. mit weiteren Gewürzen bestreuen.
3. Im vorgeheizten Backofen etwa 15 bis 20 Minuten backen. Probieren, ob die Kohlstückchen knusprig sind, falls nicht, weitere 2 Minuten backen. Sofort servieren.

Pro Portion: 0 g Eiweiß, 1 g Fett, 0 g Kohlenhydrate, 0 g Ballaststoffe = 12 Kalorien

GEFÜLLTE KIRSCH-TOMATEN ^{VT}

Für 15 Stück:
250 g Kirschtomaten
2 EL Korianderblättchen
   (oder Petersilie)
100 g Hüttenkäse (0,8 % Fett)
1 Prise Chiliflocken
abgeriebene Limettenschale
1 TL geröstetes Sesamöl
Salz

1. Die Tomaten waschen und abtrocknen. Einen kleinen Deckel abschneiden und die Früchte aushöhlen. Am besten geht das mit einem kleinen Kugelausstecher; sonst mit dem Finger oder einem Löffelstiel die Kerne herauslösen. Die Tomaten auf die Schnittfläche legen und abtropfen lassen.
2. Zwei Drittel des Korianders fein hacken und mit dem Hüttenkäse vermengen. Mit Chiliflocken, etwas Limettenschale, Sesamöl und wenig Salz abschmecken. Den Käsemix in die Tomaten füllen.
3. Kurz vor dem Servieren mit Koriander garnieren.

Pro Stück: 1 g Eiweiß, 0 g Fett, 1 g Kohlenhydrate, 0 g Ballaststoffe = 9 Kalorien

CHILI-CHIPS MIT KÄSE ^{VT}

Für 8 Portionen:
225 ml Gemüsebrühe (siehe S. 203)
1 Prise Chiliflocken (evtl. mehr)
50 g Mais- oder Hartweizengrieß
1 TL Tomatenmark
1 EL Leinsamen
Salz
25 g geriebener Parmesan

1. Backofen auf 160 °C Umluft vorheizen. Brühe mit Chiliflocken aufkochen, Grieß einrühren und aufkochen.
2. Tomatenmark und Leinsamen untermischen, salzen und auf einem mit Backpapier belegten Blech hauchdünn verstreichen; das geht am besten mit der Rückseite eines angefeuchteten Esslöffels.
3. Den Teig etwa 15 Minuten backen, mit Käse bestreuen und weitere 15 Minuten sehr knusprig backen. Falls der Teig an einigen Stellen noch weich ist, im abgeschalteten Backofen nachtrocknen lassen. Auf einem Gitter erkalten lassen, in mundgerechte Stücke brechen.

Pro Portion: 2 g Eiweiß, 1 g Fett, 5 g Kohlenhydrate, 1 g Ballaststoffe = 38 Kalorien

HAFERSTICKS ^{VGN}

Für 35 Stück:

250 ml Brühe (siehe S. 203)
Salz, Pfeffer
3 EL Sojasauce
250 g kernige Haferflocken
½ TL Backpulver
2 TL geröstetes Sesamöl
20 g feine Haferflocken
    zum Ausrollen

1. Backofen auf 180 °C (Umluft 160 °C) vorheizen. Brühe aufkochen, mit Salz, Pfeffer und Sojasauce kräftig würzen. Haferflocken im Blitzhacker zu grobem „Mehl" zerkleinern. Backpulver untermischen.
2. Die heiße Brühe und Sesamöl mit dem Flockenmehl zu einem formbaren, leicht klebrigenTeig verkneten. Auf Haferflocken knapp ½ cm dick ausrollen.
3. Die Teigplatte in 2 cm breite, ca. 10 cm lange Streifen schneiden und auf ein mit Backpapier belegtes Blech legen. Ca. 30 Minuten backen, im geöffneten Ofen kurz nachtrocknen lassen.

Pro Stück: 1 g Eiweiß, 1 g Fett, 4 g Kohlenhydrate, 1 g Ballaststoffe = 30 Kalorien

GEWÜRZRÖLLCHEN ^{VGN}

Für etwa 40 Stück:

1 Packung Filo- oder
    Yufkateig (250 g)
2 EL Olivenöl
½ TL Senf
1 EL Paprikapulver (edelsüß)
1 Löffelspitze Cayennepfeffer
1 TL Inulin
1 TL Salz

1. Die Teigblätter jeweils der Länge und Breite nach dritteln. Olivenöl mit 3 EL Wasser und Senf in eine Schale geben und mit einer Gabel cremig schlagen. Backofen auf 200 Grad vorheizen.
2. Alle Blätter mit dem Ölmix dünn bestreichen.
3. Paprika, Cayennepfeffer, Inulin und Salz vermischen und die Teigblätter dünn damit bestreuen. Je zwei Teigblätter übereinanderlegen und die Quadrate von einer Ecke her diagonal aufrollen.
4. Die Röllchen auf ein mit Backpapier belegtes Blech legen, mit dem restlichen Ölmix bestreichen. 10 bis 12 Minuten knusprig backen.

Pro Stück: 0 g Eiweiß, 1 g Fett, 2 g Kohlenhydrate, 0 g Ballaststoffe = 25 Kalorien

GEWÜRZTES POPCORN ^{VGN}

Für 8 Portionen:

100 g Popcornmais
Salz und Gewürze nach Wahl:
    z. B. rosenscharfes Paprikapulver, Currypulver, Kreuzkümmel, Szechuanpfeffer, Kardamom

1. Den Popcornmais dritteln und einen Teil in eine flache mikrowellenfeste Schale oder einen tiefen Teller geben. Mit einer Mikrowellenhaube zudecken und bei hoher Leistungsstufe in der Mikrowelle etwa 3 bis 4 Minuten erhitzen.
2. Sobald die Ploppgeräusche aufgehört haben und alle Körner aufgesprungen sind, die Schale aus der Mikrowelle nehmen. Die Gewürze sofort auf das Popcorn streuen und dabei umwenden, damit sich alles gut verteilt.
3. Mit dem restlichen Mais nach der oben beschriebenen Methode portionsweise für frischen Nachschub sorgen. Ganz frisch, noch warm serviert, schmeckt gewürztes Popcorn am besten.

Pro Portion: 1 g Eiweiß, 0 g Fett, 8 g Kohlenhydrate, 2 g Ballaststoffe = 43 Kalorien

LUFTIG-LEICHTE CREMES

Extra viele BALLAST-STOFFE

Für eine locker-leichte Himbeertorte einen fertig gekauften Biskuitboden mit der **LUFTIGEN** Creme füllen.

Dieses Schokodessert enthält im Vergleich zur traditionell hergestellten Mousse au chocolat mit Eiern und Sahne 40 % weniger Fett, **65 % WENIGER** Kalorien und dafür aber 50 % mehr Ballaststoffe.

HIMBEER-MOUSSE

Für 6 Portionen:

6 Blatt weiße Gelatine
4 EL Puderzucker
1 EL Inulin (Internet)
4 Eier
400 g Himbeeren
1 EL Zitronensaft
2 EL Zucker
300 g fettarmer Joghurt (1,5 %)
Süßstoff
100 g Kochsahne
Zitronenmelisse zum Garnieren

1. Gelatine in kaltem Wasser einweichen. Puderzucker und Inulin mischen, Eigelbe mit 2 EL Wasser zufügen und zu einer hellen Creme aufschlagen.

2. Die Hälfte der Himbeeren zerdrücken, mit Zitronensaft, Zucker und Joghurt mischen. Abgetropfte Gelatine bei milder Hitze auflösen. Erst etwas Joghurtcreme in die Gelatine rühren, dann den Mix in die Joghurtcreme.

3. Die Creme falls nötig mit Süßstoff abschmecken und kalt stellen, bis sie beginnt zu gelieren. Eiweiße steif schlagen, unter die Creme ziehen. Die Kochsahne schlagen (sie wird nicht ganz steif) und unterheben. Restliche Himbeeren untermischen und die Creme kalt stellen. Mit Zitronenmelisse garnieren.

Pro Portion: 6 g Eiweiß, 4 g Fett, 19 g Kohlenhydrate, 5 g Ballaststoffe = 154 Kalorien

SCHOKO-MOUSSE VT

Für 4 Portionen:

50 g bittere Schokolade
½ reife Avocado (ca. 100 g)
1 gehäufter TL Kakao
40 g Zucker
2 Eiweiß
1 Prise Salz
Kakao zum Bestäuben

1. Die Schokolade zerbröckeln und im heißen Wasserbad oder bei niedriger Stufe in der Mikrowelle schmelzen.

2. Die Avocado aus der Schale lösen. Das Fruchtfleisch mit Kakao und Zucker pürieren. Die flüssige Schokolade unterrühren. Eiweiß mit Salz zu steifem Schnee schlagen und unter die Schokocreme heben.

3. Die Creme in kleine Gläser füllen. Für mindestens für 1 Stunde, besser über Nacht, kalt stellen. Kurz vor dem Servieren mit etwas Kakao bestäuben. Mit fein geschnittenen Birnenspalten oder Johannisbeeren garnieren.

Pro Portion: 4 g Eiweiß, 7 g Fett, 17 g Kohlenhydrate, 3 g Ballaststoffe = 154 Kalorien

SCHICHTWEISE GENUSS

Extra viele BALLASTSTOFFE

GEFÜLLTE ÄPFEL IN SAUERRAHM

Extra viele BIOAKTIVE PFLANZENSTOFFE

Klein, aber fein. Und noch **FEINER**, wenn man beim Rezept „Mango mit Himbeere" 1 bis 2 TL Himbeergeist unter die Beeren mischt.

GEFÜLLTE ÄPFEL IN SAUERRAHM ^{VT}

Für 2 Portionen:

2 mittelgroße Äpfel
   (z. B. Boskop, Cox, Gravensteiner)
1 EL Preiselbeerkompott
1 TL Kirschwasser (oder Rum)
2 EL Sauerrahm (siehe S. 197)
2 TL Zucker
1 TL gehackte Pistazienkerne

1. Die Äpfel im Ganzen schälen. Mit einem Ausstecher das Kerngehäuse entfernen und, dabei darauf achten, dass eine gleichmäßige Öffnung entsteht. Jeden Apfel quer zur Öffnung in 3 Scheiben schneiden.
2. Die Scheiben in der Mikrowelle bei hoher Leistung (600/700 Watt) etwa 2 Minuten zugedeckt garen. Auf 2 Desserttellern oder in Gläsern wieder zu 2 Äpfeln aufstapeln.
3. Die Preiselbeeren mit Kirschwasser verrühren und die Äpfel damit füllen. Dabei tritt etwas vom roten Preiselbeersaft zwischen den Scheiben aus und erzeugt ein hübsches Ringmuster.
4. Für die Sauce Sauerrahm mit Zucker verrühren. Die Sauce um die Äpfel herum auf die Teller gießen. Mit Pistazien garnieren.

Pro Portion: 2 g Eiweiß, 5 g Fett, 35 g Kohlenhydrate, 4 g Ballaststoffe = 203 Kalorien

MANGO MIT HIMBEERE ^{VGN}

Für 2 Portionen:

200 g tiefgefrorene Himbeeren
1 gehäufter EL Zucker (15 g)
1 EL Zitronensaft
1 reife Mango

1. Die Himbeeren mit dem Zucker und dem Zitronensaft in einer flachen Schale auftauen lassen, bis sie reichlich Saft abgeben. Mit der Gabel zerdrücken.
2. Die Mango schälen, in Scheiben schneiden und mit einem großen Messer grob hacken.
3. Die Mangostücke in zwei hohe Gläser füllen, etwas flach drücken. Das Himbeerpüree darübergeben.

Pro Portion: 2 g Eiweiß, 0 g Fett, 26 g Kohlenhydrate, 7 g Ballaststoffe = 127 Kalorien

Das dekorative, aber einfache kleine Dessert gelingt im Handumdrehen und schmeckt auch Gästen nach einem gehaltvollen Essen.

Mangos gibt es praktisch das ganze Jahr, allerdings variiert die Größe sehr stark. Eine 400-g-Mango liefert in etwa die für dieses Rezept nötigen 200 g Fruchtfleisch.

Man kann auch tiefgefrorenes, ungesüßtes Mangopüree aus dem Vorrat benutzen, gibt es im Asia-Shop: für dieses Rezept 200 g mit 1 EL Zitronensaft und 2 Blättern Gelatine gelieren lassen, in Portionsschalen löffeln.

1

2

3

Nur Blüten nehmen, die man kennt und von denen man eindeutig weiß, dass sie **GENIESSBAR** sind. Besteht auch nur der kleinste Zweifel, Finger davon lassen.

4

5

6

7

8

BESSER NICHT!
Blüten aus dem Blumenladen können chemisch behandelt sein, sie sind nicht zum Essen geeignet.

BLÜTENZAUBER

Kalorienfreie Deko: Blüten entfalten meist einen ähnlichen Geschmack wie die Blätter der Pflanzen; die Süße des Nektars gibt ihnen jedoch eine lieblichere Note. Aufpassen beim Sammeln: Wildpflanzen vom Feldrand oder an viel befahrenen Straßen können verunreinigt sein. Lieber auf sauberen Wiesen, im eigenen Garten oder auf dem Balkon ernten. Um Insekten loszuwerden, die Blüten kopfüber ausschütteln oder vorsichtig in kaltem Wasser schwenken.

1 **DUFTROSEN SIND MAGISCH:** Die abgezupften Blätter verzaubern Desserts, Quarkspeisen und Fruchtsalate.

2 **THYMIANBLÜTEN** würzen so kräftig wie das Kraut. Erbsen-, Bohnen- und Linsensuppen profitieren vom Aroma der winzigen pinkfarbenen Blüten.

3 **KAPUZINERKRESSEBLÜTEN** bringen Farbe und scharf-würzigen Geschmack in herzhafte Dips, Fischgerichte und helle Suppen.

4 **BORRETSCHBLÜTEN** schmecken etwas nach Gurke und passen in Salate und kalte Suppen. Auch gut: Zum Aromatisieren ein paar ins Mineralwasser geben.

5 **HORNVEILCHEN** bieten ebenso wie Stiefmütterchen eine farbenfrohe Garnitur für Getreidegerichte und Suppen.

6 **GÄNSEBLÜMCHEN** passen roh und angedünstet in Gemüsegerichte und Salate.

7 **BEGONIEN** bestechen durch ihre leuchtenden Farben und den fein säuerlichen Geschmack. Gut zu Eiscreme, Quarkspeisen, Dips und Salaten.

8 **SALBEIBLÜTEN** sind Eyecatcher für Pastagerichte und gebratenes Geflügel, denn sie riechen und schmecken wie das Kraut nach Mittelmeer.

ABNEHMEN MIT KUCHEN

FRUCHT-SCHNITTEN aus dem Backshop enthalten meist doppelt so viel Fett und Kalorien, aber nur die Hälfte der sättigenden Ballaststoffe.

Kleine Portion, großer Geschmack: Ein selbstgemachter **MUFFIN** enthält im Vergleich zum gekauften weniger als die Hälfte der Kalorien und nur ein Viertel der Fettmenge.

SAFTIGE SCHOKO-MUFFINS VT

Für 12 Stück:
100 g Rote Bete
   (gegart, vakuumverpackt)
200 ml fettarme Milch (1,5 %)
50 g Butter
2 Eier
180 g Zucker
250 g Mehl
75 g Kakao
½ Päckchen Backpulver
1 Päckchen Vanillezucker

1. Backofen auf 180 °C (Umluft 160 °C) vorheizen. Die Roten Bete grob zerkleinern und mit 100 ml Milch im Mixer oder mit dem Blitzhacker fein pürieren. Butter bei milder Hitze zerlassen. Eier in eine Schüssel geben, mit einer Gabel kurz verschlagen. Restliche Milch, Butter, pürierte Rote Bete und Zucker zufügen und glatt rühren.
2. Mehl mit Kakao, Backpulver und Vanillezucker gründlich vermischen. Den Rote-Bete-Mix zufügen und nur so lange rühren, bis sich die Zutaten gerade eben verbunden haben.
3. 12 Papierförmchen in ein Muffinblech setzen und den Schokoteig darin verteilen. In den vorgeheizten Backofen setzen und etwa 30 Minuten backen.

Pro Stück: 5 g Eiweiß, 6 g Fett, 34 g Kohlenhydrate, 2 g Ballaststoffe = 213 Kalorien

SCHNELLE BEERENTÖRTCHEN VT

Für 6 Stück:
350 g Himbeeren, Erdbeeren
   oder gemischte Beeren
6 Biskuittörtelets
   (vom Bäcker oder aus dem Supermarkt)
3 TL Konfitüre (Sorte nach Wahl)
125 g fettarmer Vanillejoghurt (1,5 %)
½ Päckchen Tortengusspulver
125 ml roter Fruchtsaft
Süßstoff

1. Frische Früchte verlesen, tiefgekühlte antauen lassen. Den Boden der Törtelets mit wenig Konfitüre bestreichen, den Vanillejoghurt darauf verteilen und glatt streichen. Die Beeren üppig darauf anrichten.
2. Tortenguss mit dem Fruchtsaft nach der Anleitung auf der Verpackung zubereiten, evtl. mit etwas Süßstoff abschmecken. Den flüssigen Guss mit einem Teelöffel auf die Beeren verteilen. Die Törtchen bald servieren.

Pro Stück: 2 g Eiweiß, 3 g Fett, 21 g Kohlenhydrate, 3 g Ballaststoffe = 126 Kalorien

Wer Kopenhagener kauft, also Plundergebäck mit Beerenbelag, muss sogar mit der dreifachen Kalorienzahl und der siebenfachen Fettmenge rechnen.

MEHR ABNEHMEN MIT NOCH MEHR KUCHEN

Hier sorgt Pflaumenpüree anstelle von Fett für saftigen **SCHOKOGENUSS.** Im Vergleich zur gleichen Menge aus dem Coffeeshop spart der leichte Brownie pro Stück mindestens 3 Gramm Fett und 30 Kalorien.

Mehr Ballaststoffe, WENIGER FETT

Im Vergleich zum **KÄSEKUCHEN** vom Bäcker bringt unserer im Schnitt 6 Gramm weniger Fett auf den Kuchenteller und spart 100 Kalorien. Im Vergleich zu Riesenstücken sparen Sie bis zu 400 Kalorien.

BROWNIES ^{VT}

Für 30 Stück:
175 g weiche Trockenpflaumen
100 g Semmelbrösel (siehe S. 217)
50 g Kakao
1 TL Backpulver
2 Eier
100 g Zucker
100 g Schokolade (50 % Kakaogehalt)
40 g Butter

1. Ofen auf 180 °C Ober-/Unterhitze vorheizen. Eine Backform (etwa 20 cm x 20 cm) mit Backpapier auslegen. Die Pflaumen mit 6 EL Wasser pürieren; falls sie sehr trocken sind, mehr Wasser nehmen: Die Konsistenz soll etwa wie Pflaumenmarmelade sein.
2. Semmelbrösel mit Kakao und Backpulver mischen. Eier und Zucker cremig aufschlagen, bis sich das Volumen etwa verdoppelt hat.
3. Schokolade in Stücke brechen, mit Butter und 2 EL Wasser im Wasserbad oder in der Mikrowelle schmelzen. Pflaumen erst esslöffelweise unter die Schokomasse mischen, dann alles einrühren. Unter den Eierschaum ziehen und den Semmelbröselmix unterheben. Der Teig soll dickflüssig wie Rührteig sein; falls nötig, noch löffelweise Wasser dazugeben.
4. Teig in die Form geben, mit einem feuchten Esslöffel glatt streichen. Etwa 30 Minuten backen, bis die Oberfläche fest ist. In Rechtecke schneiden (etwa 3 cm x 4 cm).

Pro Stück: 1 g Eiweiß, 3 g Fett, 10 g Kohlenhydrate, 2 g Ballaststoffe = 76 Kalorien

KÄSEKUCHEN MIT SCHOKOTUPFEN ^{VT}

Für 16 Stücke (24er-Springform):
50 g Butter
75 g Zucker
1 Päckchen Vanillezucker
2 Eier
500 g Magerquark
350 g Apfelmus
50 g Weizenvollkorngrieß
Süßstoff
1 TL Kakao
Fett für die Form

1. Den Backofen auf 180 °C (Umluft 160 °C) vorheizen. Butter, Zucker und Vanillezucker rühren, bis die Masse hell wird und der Zucker sich gelöst hat. Nacheinander Eier, Quark, Apfelmus und Grieß unterrühren. Mit Süßstoff abschmecken. 3 EL vom Teig abnehmen und in eine kleine Schüssel geben. Mit Kakao verrühren.
2. Den Boden der Springform mit Backpapier auslegen, den Rand fetten. Den hellen Teig einfüllen, glatt streichen und mit dem dunklen Teig Tupfen auf die Oberfläche setzen.
3. Etwa 50 Minuten backen; nach der Hälfte der Zeit den Kuchen mit Alufolie abdecken. Den fertigen Kuchen abkühlen lassen und aus der Form lösen.

Pro Stück: 5 g Eiweiß, 4 g Fett, 12 g Kohlenhydrate, 1 g Ballaststoffe = 110 Kalorien

UNSERE EIS-SENSATION:

Für 2 Portionen:
1 Banane (ca. 200 g)
1 TL Zitronensaft
2 EL fettarme Milch (1,5 %)

1. Banane schälen und in Scheiben schneiden. Einen Teller mit einem Tiefkühlbeutel belegen und die Bananenscheiben darauf ausbreiten, evtl. mit Folie abdecken. Ins Gefriergerät stellen und gefrieren lassen. Das dauert meist 1 bis 2 Stunden.
2. Die gefrorenen Bananenscheiben in einen Blitzhacker geben und pürieren. Wenn das Fruchtfleisch mittelfein zerkleinert ist – etwa wie grobes Paniermehl –, den Zitronensaft zufügen. Weitermixen, die Masse zwischendurch von den Wänden des Mixers abstreifen. Milch zufügen und weiterpürieren, bis eine sahnige Eiscreme entsteht. Gerät das Eis beim Mixen zu fest, noch einen Löffel Milch zufügen. Sofort servieren, nicht wieder einfrieren.

***

Pro Portion: 1 g Eiweiß, 0 g Fett, 14 g Kohlenhydrate, 1 g Ballaststoffe = 65 Kalorien

***

Haselnuss-Eiscreme: 1 EL gemahlene Haselnüsse auf einem Teller ausbreiten. In der Mikrowelle erhitzen, bis sie gelblich werden und duften. Abgekühlt ins fertige Blitz-Sorbet mixen. *114 Kalorien*

Avocado-Eis: ½ weiche Frucht in dünne Spalten schneiden und auf einem Teller einfrieren. 2 TL Zucker im Saft von ½ Limette auflösen, mit den gefrorenen Avocadospalten pürieren. *104 Kalorien*

Schoko-Eiscreme: Beim Mixen in Arbeitsschritt 2 anstelle von Zitrone 25 g fein zerbröckelte Bitterschokolade in den Blitzhacker geben. Gut durchmixen. *127 Kalorien*

Erdbeer-Sahne-Eis: 100 g Erdbeeren waschen und für 10 Minuten ins Gefriergerät stellen. Beim Mixen in Arbeitsschritt 2 anstelle von Zitrone und Milch die Erdbeeren und 2 EL Sahne in den Blitzhacker geben und gut durchmixen. *106 Kalorien*

Himbeereis: Beim Mixen in Arbeitsschritt 2 anstelle von Zitrone und Milch 50 g gekühlte frische oder angetaute Himbeeren in den Blitzhacker geben. *70 Kalorien*

Pfirsich-Eis: 2 kleine reife Pfirsiche (200 g) in Spalten einfrieren. 2 TL Zucker in 2 EL fettarmem Joghurt auflösen und mit den gefrorenen Pfirsichspalten pürieren. *75 Kalorien*

Essentials

Wenig Zeit, immer in Eile? Wenn man spontan etwas Leichtes auf den Tisch bringen will, ist geschickte Vorratshaltung eine smarte Idee. Mit den richtigen Grundzutaten lassen sich gute Mahlzeiten eben locker aus dem Ärmel schütteln. Dem Kalorienkonto tut das richtig gut.

MULTIMÜSLI FÜR DEN VORRAT

Müsli ist die angenehmste Form, ballaststoffreich zu essen. Selbstgemachte Mischungen aus Flocken, Kleie, Samen und Sojakernen können beim Abnehmen helfen. Zusammen mit Obst und mageren Milchprodukten entsteht ein idealer **NÄHRSTOFFMIX,** der einen lange bei Laune hält.

Wer abnehmen möchte, richtet sein Müsli mit **FRISCHEN** Früchten an. Sie liefern weniger Kalorien und mehr Vitamine als Trockenfrüchte.

BESSER NICHT!
Die Haltbarkeit sinkt, wenn Trockenfrüchte in der Mischung sind.

HAFER-DINKEL-MÜSLI VGN

Für 30 Portionen à 50 g:
500 g Haferflocken
500 g Dinkelflocken
100 g Kürbiskerne
50 g Buchweizenkörner
100 g Leinsaat
50 g Inulin
100 g Weizenkleie
100 g geröstete Sojakerne

1. Backofen auf 200 °C vorheizen. Beide Flockensorten, Kürbiskerne und Buchweizenkörner auf einem mit Backpapier ausgelegten Backblech ausbreiten. In den vorgeheizten Ofen schieben und etwa 5 Minuten backen. Flocken und Kerne sollen nicht braun werden, sondern an Aroma zunehmen; Buchweizen wird durchs Erhitzen knusprig.
2. Leinsaat im Blitzhacker oder Mixer fein mahlen. Mit Inulin, Weizenkleie und Sojakernen in einer großen Schüssel mischen. Die abgekühlte Flockenmischung untermengen.
3. Müsli in fest schließende Dosen oder Gefrierbeutel füllen. Das ist wichtig, weil Inulin leicht Feuchtigkeit anzieht. Kühl und dunkel aufheben.

Pro Portion: 8 g Eiweiß, 5 g Fett, 22 g Kohlenhydrate, 8 g Ballaststoffe = 174 Kalorien

BALANCE-MÜSLI VGN

Für 24 Portionen à 50 g:
350 g kernige Haferflocken
250 g feine Haferflocken
200 g Gerstenflocken
100 g Haferkleieflocken
100 g Weizenkleie
100 g geschrotete Leinsaat
100 g ungeschälte Mandeln

1. Beide Haferflockensorten, Gerstenflocken, Hafer- und Weizenkleie mit Leinsaat in einer großen Schüssel mischen. Mandeln hacken und zufügen.
2. Alle Zutaten gut durchmischen und in fest schließende Dosen oder Gefrierbeutel füllen. Die Müslimischung kühl und dunkel aufheben, damit keine Nährstoffe verloren gehen.

Pro Portion: 7 g Eiweiß, 6 g Fett, 24 g Kohlenhydrate, 7 g Ballaststoffe = 180 Kalorien

Leinsamen

Knapp 40 Prozent der goldbraunen Samenkörner sind nützlicher Ballast. Ein Teil davon, die Lignane, fördern das Immunsystem. **Mit etwa 30 Prozent steckt auch reichlich Fett im Leinsamen.** Doch Leinöl versorgt uns mit besonderen ungesättigten Fettsäuren, die helfen, den Fettstoffwechsel zu regulieren.

CREME UND KÄSE SELBERMACHEN

Kleiner Aufwand, **GROSSER VORTEIL!** Zum Vergleich: Gekaufte Crème fraîche enthält rund 10-mal mehr Fett und 7-mal mehr Kalorien als unserer Sauerrahm. Saure Sahne aus dem Kühlregal liefert immerhin noch 3-mal so viel Fett und Kalorien.

Andere Frischkäse wie etwa Mozzarella oder Feta enthalten erheblich weniger sättigendes **EIWEISS** und mehr als das Doppelte an Fett als dieser Paneer-Käse.

SELBSTGEMACHT IN 5 MINUTEN

Für 6 Portionen (425 g):
2 l fettarme Milch (1,5 %)
75 g Magermilchpulver
1 l Buttermilch
4 EL Zitronensaft
½ TL Salz

1. Milch mit Magermilchpulver in einem großen Topf unter Rühren aufkochen. Vorsicht: Kocht leicht über! Kommt der Schaum zu hoch, den Topf kurz von der Kochstelle ziehen.

2. Buttermilch und Zitronensaft zur kochenden Milch gießen, Salz dazugeben, kurz weiterrühren und den Topf vom Herd nehmen. Die Milch trennt sich jetzt in eine flockige weiße Masse, dem sogenannten Käsebruch, der hauptsächlich aus Eiweiß besteht, und einer klaren Flüssigkeit, der Molke.

3. Einen Durchschlag (grobes Sieb mit Standfüßen) mit einem Tuch (z. B. Windel) auslegen. Mit einem Schaumlöffel die festen Bestandteile der Milch hineinschöpfen. Den Rest der Flüssigkeit durch ein Haarsieb gießen und die abgesiebten Käseflocken zur Käsemasse geben. Abkühlen und abtropfen lassen.

4. Das Tuch fest zusammendrehen und so viel Flüssigkeit wie möglich ausdrücken. Die austretende Molke auffangen und anderweitig verwenden. Den entstandenen Käse etwas flach drücken, die Tuchenden darüber zusammenlegen. Einen passenden Teller obenauf legen und darauf zum Beschweren eine Konservendose oder eine gefüllte Wasserkanne stellen.

5. Den Frischkäse für ca. 8 Stunden kalt stellen. In dieser Zeit fließt das restliche Wasser ab und der Käse verfestigt sich zu einem schnittfesten Block.

Pro Portion: 19 g Eiweiß, 6 g Fett, 3 g Kohlenhydrate, 0 g Ballaststoffe = 146 Kalorien

Magermilchpulver gibt es in großen Supermärkten meistens in der Nähe von Kondensmilch und Kaffee. Oft muss man extra danach fragen. Sonst im Internet bestellen oder in der Bio-Variante in Reformhäusern oder Naturkostläden kaufen.

Selbstgemachter Sauerrahm

100 g Schlagsahne mit 100 ml Buttermilch und 3 EL Magermilchpulver (etwa 20 g) verrühren. Für einige Stunden bei Zimmertemperatur stehen lassen, bis die Mischung dick geworden ist. Durchrühren und zugedeckt in den Kühlschrank stellen. Hält sich im Kühlschrank etwa eine Woche. Ergibt 11 Portionen à 20 Gramm.

Pro EL (20 g): 2 g Eiweiß, 3 g Fett, 1 g Kohlenhydrate, 0 g Ballaststoffe = 40 Kalorien

SALATSAUCEN, DIE HALTEN

KNOBLAUCH-CHILI-DRESSING

BUTTERMILCH-BASIS-DRESSING

FETTFREIES ZITRONEN-SENF-DRESSING

Diese Salatsaucen enthalten **NULL GRAMM FETT,** schmecken aber würzig. Bis zu 100 Kalorien und 5 bis 10 Gramm Fett pro Portion landen bei üblichen gekauften Dressings auf dem Salatteller.

Mit zerdrücktem Knoblauch, gehackten Kräutern, Kapern oder fein gehackten getrockneten Tomaten lassen sich diese Dressings immer wieder **ABWANDELN.** Die frischen Zutaten erst kurz vor dem Servieren zufügen, sonst hält sich die Sauce nicht.

FETTFREIES ZITRONEN-SENF-DRESSING VGN

Für 8 Portionen:
2 Zwiebeln
500 ml Gemüsebrühe (S. 203)
1 TL Guarkernmehl
1 unbehandelte Zitrone
Salz, Pfeffer
1 EL Senf
Zucker (oder Süßstoff)

1. Die Zwiebeln schälen und fein würfeln. Gemüsebrühe mit den Zwiebelwürfeln 3 Minuten kochen, das Guarkernmehl einrühren.
2. Etwa 2 TL Schale von der Zitrone abreiben, die Frucht auspressen. Die angedickte Brühe mit Zitronensaft und -schale würzen. Mit Salz, Pfeffer, Senf und 1 Prise Zucker abschmecken. Noch einmal aufkochen.
3. Die Salatsauce noch heiß in kleine, heiß gespülte Schraubgläser füllen, verschließen, abkühlen lassen und im Kühlschrank aufheben. Vor dem Verwenden noch einmal aufschütteln.

Pro Portion: 0 g Eiweiß, 0 g Fett, 5 g Kohlenhydrate, 1 g Ballaststoffe = 25 Kalorien

KNOBLAUCH-CHILI-DRESSING VGN

Für 8 Portionen:
1 Zwiebel
2 Knoblauchzehen
500 ml Gemüsebrühe (S. 203)
2 leicht gehäufte TL Speisestärke
4 EL Rotwein- oder Sherryessig
1 EL Tomatenmark
Salz, Chiliflocken
Zucker oder Süßstoff

1. Zwiebel und Knoblauch schälen und fein würfeln. Mit der Brühe 5 Minuten kochen. Speisestärke mit etwas Wasser verrühren, zur Brühe geben und unter Rühren aufkochen.
2. Die Sauce mit Essig, Tomatenmark, Salz, je 1 Prise Chiliflocken und Zucker würzen. Noch einmal kurz aufkochen, sofort in kleine, heiß gespülte Schraubgläser füllen, verschließen, abkühlen lassen und im Kühlschrank aufheben.
3. Vor dem Verwenden schütteln. Mit frischen Kräutern und Gewürzen nach Wunsch abwandeln.

Pro Portion: 0 g Eiweiß, 0 g Fett, 4 g Kohlenhydrate, 0 g Ballaststoffe = 19 Kalorien

BUTTERMILCH-BASIS-DRESSING VT

Für 8 Portionen:
200 ml Gemüsebrühe (S. 203)
½ gestrichener TL Guarkernmehl
½ TL Sojamehl
500 ml Buttermilch
Salz, Pfeffer, Zucker
1 Limette

1. Brühe mit Guarkern- und Sojamehl verrühren und aufkochen. Kurz abkühlen lassen und die Buttermilch unterrühren.
2. Das Dressing mit Salz, Pfeffer, Zucker und Limettensaft abschmecken und in einem Schraubglas im Kühlschrank aufbewahren. Vor dem Benutzen aufschütteln.

Pro Portion: 2 g Eiweiß, 0 g Fett, 3 g Kohlenhydrate, 0 g Ballaststoffe = 29 Kalorien

Die Salatsauce mit grünen Kapern, fein geschnittenem Rucola oder Schnittlauch würzen. Schmeckt auch wunderbar mit frischer in der Knoblauchpresse zerdrückter Ingwerwurzel.

EINMAL KOCHEN, DREIMAL ESSEN

Den rohen Kohl mit Salz und Essig **DURCHZIEHEN** lassen. So wird er beim Kochen zart und kann die Gewürze richtig aufnehmen.

PERFEKT!

Gemüse aus dem Vorrat vor dem Essen einmal richtig aufkochen.

RÜBENGEMÜSE ^{VGN}

Für 12 Portionen:
1,8 kg weiße Rüben oder Steckrüben
Salz, 3 Zwiebeln
1 Knoblauchzehe
2 EL Rapsöl
200 ml Weißwein
   (ersatzweise Wasser mit etwas Zitronensaft)
1 l Brühe (siehe S. 203 oder 205)
1 EL Rübenkraut (Zuckerrübensirup)
Pfeffer, Petersilie

1. Rüben schälen und in feine Streifen schneiden. Mit etwas Salz bestreuen. Zwiebeln und Knoblauch schälen und fein würfeln.
2. Öl in einem großen Topf erhitzen. Zwiebelwürfel und Knoblauch darin glasig dünsten. Die Rüben zufügen und kurz andünsten.
3. Wein und Brühe zufügen. Mit Rübenkraut, Salz und Pfeffer würzen. Weiße Rüben 20 Minuten kochen, Steckrüben etwa 35 Minuten.
4. Das Gemüse abgießen, die Flüssigkeit für die Sauce auffangen und im Mixer oder mit dem Pürierstab aufmixen, dabei löffelweise vom gegarten Gemüse zugeben, bis die Sauce eine cremige Beschaffenheit bekommt. Mit Salz und Pfeffer abschmecken.
5. Die gewünschte Menge vom Rübengemüse mit der Sauce anrichten und mit gehackter Petersilie bestreuen. Das restliche Gemüse für den Vorrat portionsweise kochend heiß abfüllen, verschließen und abgekühlt im Kühlschrank aufheben.

Pro Portion: 2 g Eiweiß, 2 g Fett, 9 g Kohlenhydrate, 4 g Ballaststoffe = 70 Kalorien

WÜRZIGER ROTKOHL

Für 10 Portionen:
2,2 kg Rotkohl
Salz
150 – 200 ml Rotweinessig
2 Äpfel
2 Zwiebeln
1 EL Gänseschmalz
1 EL brauner Zucker
200 ml Rotwein
350 ml Brühe (siehe S. 203 oder 205)
1 EL Preiselbeeren
1 Zimtstange
3 Nelken
3 Lorbeerblätter
Pfeffer, Piment

1. Den Kohl putzen und in feine Streifen schneiden. Mit Salz bestreuen und den Essig darübergießen. Alles mischen, für 2 Stunden, besser über Nacht, zugedeckt stehen lassen.
2. Äpfel schälen, entkernen und in feine Spalten schneiden. Zwiebeln schälen und würfeln. Schmalz in einem Topf zerlassen. Zwiebel, Äpfel und Zucker darin andünsten. Den Kohl mit der Flüssigkeit zufügen und anschmoren.
3. Rotwein, 200 ml Wasser, Brühe, Preiselbeeren, Zimtstange, Nelken und Lorbeer zufügen. Mit Deckel 30 bis 40 Minuten bei milder Hitze garen. Den Kohl mit Salz, Pfeffer und Piment abschmecken.
4. Die gewünschte Menge vom Gemüse frisch anrichten. Den Rest heiß abfüllen, verschließen und im Kühlschrank aufheben.

Pro Portion: 3 g Eiweiß, 2 g Fett, 15 g Kohlenhydrate, 5 g Ballaststoffe = 100 Kalorien

SELBSTGEMACHTE GEMÜSEBRÜHE

Falls gerade zur Hand
ZUSÄTZLICH: Stiele von Petersilie, Liebstöckel, Estragon, Basilikum, Thymian oder Rosmarin, Stiele und Abschnitte von Champignons und anderen Pilzen, Schalen und Abschnitte von frischer Ingwerwurzel, Stiele und Grün von 1 Fenchelknolle. Radieschenblätter, Kohlrabiblätter, Brokkoli- oder Blumenkohlstiele, Grün von frischen Möhren, Gurken- und Zucchiniabschnitte und -schalen, Spargelschalen und -abschnitte.

Selbstgemachte Gemüsebrühe liefert so gut wie keine Kalorien und kaum Salz, durch den hohen Gemüseanteil aber mehr **MINERALSTOFFE** und Spurenelemente als gekaufte Fertigprodukte.

PERFEKT!
Sie schmeckt nicht nur
besser als gekaufte Brühe,
sie ist auch wertvoller.

GEMÜSEBRÜHE VGN

Für etwa 3 Liter:
500 g Möhren
500 g Sellerieknolle
2 Lauchstangen
2 Zwiebeln
1 Knoblauchzehe
3 Lorbeerblätter
5 – 8 Pfefferkörner
1 Löffelspitze Kurkuma
½ unbehandelte Zitrone
1 gehäufter TL Inulin
Pfeffer

1. Gemüse gründlich waschen, Stielansätze und unansehnliche Stellen entfernen. Alles klein schneiden, mit 3 l kaltem Wasser zum Kochen bringen.
2. Ungeschälte Knoblauchzehe, Lorbeerblätter, Pfefferkörner und Kurkuma zufügen. Die Brühe 1 Stunde bei geringer Hitze kochen. Die Temperatur ist richtig, wenn nur langsam kleine Blasen aufsteigen.
3. Für den Geschmack: Zitronenschale 5 Minuten mitköcheln lassen. Für noch mehr Aroma und zusätzliche Ballaststoffe Inulin zufügen. Brühe durch ein feines Haarsieb gießen. Mit etwas Zitronensaft und Pfeffer abschmecken. Erst später bei der Verwendung salzen.

Für den Vorrat kochend heiß in Twist-off-Gläser abfüllen, verschließen, abkühlen lassen und im Kühlschrank aufheben. Haltbarkeit etwa 6 Wochen. Tiefgekühlt mindestens 6 Monate.

Pro Liter: 2 g Eiweiß, 0 g Fett, 1 g Kohlenhydrate, 1 g Ballaststoffe = 20 Kalorien

LIGHT-BRÜHE GANZ EINFACH

Hühnerflügel und Unterschenkel sind oft im Sonderangebot. Eine **PREISWERTE BASIS** für eine Brühe mit ganz intensivem Geflügelgeschmack.

Mit dem gründlichen Entfetten der Brühe lassen sich Hunderte Kalorien sparen. Brühen lassen sich gut portionsweise einfrieren. Einfach **IN MUFFINFORMEN GIESSEN** und gefrieren lassen. Aus der Form lösen, in Beutel stapeln und wieder einfrieren. Haltbarkeit 4 bis 6 Monate.

FLEISCH- UND GEFLÜGELBRÜHE

Für etwa 2 Liter:
1 kg Suppenhuhn oder 750 g Rindfleisch
   zum Kochen (Beinscheibe, Querrippe
   oder Bug) und 300 g Suppenknochen
1 Bund Suppengrün (ca. 300 g)
1 Zwiebel
1 Bund glatte Petersilie
Salz

1. Huhn oder Rindfleisch und Knochen kalt abspülen und in einem großen Topf mit 2½ l kaltem Wasser zum Kochen bringen. 1 Stunde im offenen Topf bei geringer Hitze garen. Die Temperatur ist richtig, wenn nur langsam kleine Blasen aus der Brühe aufsteigen.
2. Suppengrün putzen und grob zerkleinern. Zwiebel viertеln. Petersilienstiele abschneiden (Blätter anderweitig verwenden) und mit dem übrigen Gemüse in die Brühe geben. Weitere 30 Minuten offen leise kochen lassen.
3. Das gegarte Fleisch herausheben, von Haut und Knochen lösen und evtl. für ein anderes Gericht verwenden. Die Brühe durch ein feines Haarsieb in einen sauberen Topf gießen.
4. Zum Entfetten die heiße Brühe durch ein Fettabscheidekännchen gießen. Falls nicht vorhanden, einen großen flachen Löffel so auf die Oberfläche legen, dass möglichst viel Fett, aber wenig von der Brühe hineinfließt. Einfacher ist es, die Brühe über Nacht im Kühlschrank kalt zu stellen. Dann lässt sich das erstarrte Fett mühelos und gründlich abheben.

5. Die Brühe mit sehr wenig Salz abschmecken oder ungesalzen aufheben. Für den Vorrat die kochend heiße Brühe in saubere, heiß gespülte Twist-off-Gläser (Schraubdeckelgläser von Joghurt, sauren Gurken oder Gemüse) füllen. Gläser verschließen, nach dem Abkühlen in den Kühlschrank stellen. So hält sich die Brühe im geschlossenen Glas gut sechs Wochen.

Pro Liter: 20 g Eiweiß, 1 g Fett, 0 g Kohlenhydrate, 0 g Ballaststoffe = 90 Kalorien
Pro 100 ml: 2 g Eiweiß, 0 g Fett, 0 g Kohlenhydrate, 0 g Ballaststoffe = 9 Kalorien

Knochenbrühe

Ganz ohne Fleisch, einfach mit preiswerten Knochen lässt sich für wenig Geld eine wunderbar aromatische und salzarme Basis für Schmorgerichte, Saucen, gebundene Suppen oder Eintöpfe schaffen. Dafür die Brühe – wie im Rezept oben beschrieben – aus ca. 1,5 kg Rinderknochen, vorzugsweise Roastbeefknochen, kochen. Sehr gute Brühen gelingen auch mit Wildknochen. Sind z. B. Hirschstelzen im Angebot, unbedingt zugreifen. Wichtig: Die Knochen beim Kauf grob zerkleinern lassen, damit sie in den Topf passen.

SAUER, SCHARF, LECKER!

FÜR KIMCHI, DEN KOREANISCHEN SAUERKOHL, gibt es tausendundein
Rezept, fast jede Familie hat ihr eigenes.

Koreaner essen ihr
NATIONALGERICHT
„Kimchi" schon zum Frühstück.
Das kräftig gewürzte Sauergemü-
se schmeckt gut als Beilage zu
milden Reisgerichten, zu Fisch
oder einfach zum Butterbrot.
Wer mag, gibt noch einige
Tropfen Sesamöl da-
rüber.

Das Rezept lässt
sich **VARIIEREN**
mit Lauchzwiebeln, Gur-
ken, Brunnenkresse, Ret-
tich, Roter Bete, weißen
Rüben und vielen Asia-
Gemüsesorten.

CHINAKOHL-KIMCHI

Für 3 Gläser à 500 ml (5 Portionen pro Glas):
2 EL Salz
1 Kopf Chinakohl (etwa 1 kg)
1 Möhre
1 Stück frische Ingwerwurzel (30 g)
1–2 frische rote Chilischoten
2–3 Knoblauchzehen

1. In einem Topf 1 l Wasser mit Salz aufkochen und lauwarm abkühlen lassen.

2. Chinakohl waschen, putzen und in feine Streifen schneiden. Möhre schälen und in dünne Scheiben schneiden. Ingwer schälen und in Scheiben schneiden. Chilischoten halbieren, entkernen und in Streifen schneiden. Knoblauch schälen und hacken.

3. Gläser mit Twist-off-Deckel heiß spülen. Kohl, Möhre, Ingwer, Knoblauch und Chili in 3 Gläser verteilen. Nur so viel einfüllen, dass oben für die Gärung 2 Finger breit Platz bleibt.

4. Den Kohl mit dem Salzwasser übergießen. Die Deckel nur auflegen, nicht fest aufschrauben. Gläser auf große Teller stellen und bei Zimmertemperatur 2 bis 7 Tage stehen lassen. Falls nötig, Salzlake nachfüllen.

5. Steigen in den Gläsern kleine Luftblasen auf und blubbert es leise, gelingt die Gärung.

6. Während der Gärzeit täglich probieren. Wenn es säuerlich-pikant schmeckt, die Gläser locker verschließen und als Vorrat in den Kühlschrank stellen.

Pro Portion: 1 g Eiweiß, 0 g Fett, 2 g Kohlenhydrate, 1 g Ballaststoffe = 14 Kalorien

TOLLE TEIGE AUF VORRAT

PERFEKT!
Der Teig hält sich 4 Tage im Kühlschrank.

Gekaufte **TORTILLAS** der gleichen Größe enthalten 40% mehr Kalorien und 4-mal so viel Fett.

Für den Tiefkühlvorrat den Teig etwa 30 Minuten bei Zimmertemperatur gehen lassen, in Portionen teilen, flach drücken und ohne Verpackung vorgefrieren. Dann in einen Plastikbeutel **STAPELN** und später einzeln entnehmen.

LEICHTER PIZZATEIG ^{VGN}

Für 4 Portionen:
400 g Mehl Type 550
100 g Sojamehl
1 TL Salz
¼ Würfel Hefe (oder 1 g Trockenhefe = ¼ TL)
Mehl zum Formen

1. Mehl und Sojamehl mit Salz in einer Schüssel mischen. Hefe in 375 ml kaltem Wasser auflösen. Die Hefeflüssigkeit zur Mehlmischung geben und kneten, bis der Teig sich vom Schüsselboden löst und eine Kugel formt. In 4 Portionen teilen.
2. Wer den Teig morgens anrührt und ihn abends verwenden möchte, lässt ihn bei kühler Zimmertemperatur mit geölter Klarsichtfolie bedeckt bis zur Verwendung gehen.
3. Soll der Teig mehrere Tage frisch bleiben, die Portionen einzeln in Folie verpacken und in den Kühlschrank legen.
4. Zum Backen jede Portion auf der bemehlten Arbeitsfläche mit den Händen zu einem Kreis formen oder rund ausrollen. Nach Geschmack belegen.

Pro Portion: 21 g Eiweiß, 6 g Fett, 75 g Kohlenhydrate, 8 g Ballaststoffe = 448 Kalorien

Schnell und leicht: Pro Pizza ½ kleine Dose Tomatenstücke (200 g) mit 1 TL Tomatenmark, Salz und 1 TL Oregano verrühren und auf den Teig streichen. Mit 1 EL mageren Schinkenwürfeln und 1 Handvoll blättrig geschnittenen Champignons bestreuen. Mit ½ EL Olivenöl beträufeln oder 1 EL geriebenen Käse (30%) darüber verteilen. Macht rund 550 Kalorien für eine üppige Pizza.

TORTILLAS ^{VGN}

Für 6–8 Stück:
200 g Mehl
½ TL Salz
½ TL Backpulver
1 EL Öl
warmes Wasser

1. Mehl mit Salz und Backpulver mischen, mit Öl und 80–100 ml warmem Wasser zu einem festen Teig verkneten. Zugedeckt oder in Folie 20 Minuten ruhen lassen.
2. Eine Rolle formen, in 6 oder 8 Stücke schneiden, zu Bällchen formen, aus jedem mit dem Nudelholz einen runden, möglichst dünnen Fladen ausrollen (ø 15 bzw. 20 cm). In einer Pfanne ohne Fett von jeder Seite ½ bis 1 Minute backen, bis sie leicht gebräunt sind.

Pro Portion (bei 8): 2 g Eiweiß, 1 g Fett, 18 g Kohlenhydrate, 1 g Ballaststoffe = 97 Kalorien

Es ist ganz einfach, diese Tortillas für Wraps selber zu machen. Sie halten sich mehrere Tage im Kühlschrank und lassen sich gut mit Frischhaltefolie dazwischen einfrieren. Ein Rezept für Wraps finden Sie auf Seite 85.

Schnelle Füllung für 2 hungrige Wrap-Fans: In eine große Tortilla ein paar Salatblätter, je 1 EL Hüttenkäse und Ketchup, dazu ein paar Scheiben Hähnchen- oder Putenbrustaufschnitt einrollen. Durchschneiden, fertig.

SIEHT AUS WIE FLEISCH, ABER SPART 84 % FETT!

Der Hackbraten **SCHMECKT** kalt und warm. Sehr lecker dazu: die Dips (zu Gemüsesticks) auf Seite 87 und Gemüse oder Salat.

Extra wenige GESÄTTIGTE FETTSÄUREN

Machen wir einen Vergleich mit einem klassischen Hackbraten: **DA SPART JEDE SCHEIBE** Vegi-Hackbraten 10 Gramm Fett und 4 Gramm gesättigte Fettsäuren. Mit jeder Scheibe gewonnen: 5 Gramm Ballaststoffe.

VEGI-HACKBRATEN ^{VT}

Für 12 Scheiben:
400 ml Gemüsebrühe (siehe S. 203)
3 EL Sojasauce
2 EL Tomatenmark
Salz
200 g Soja-Granulat (Soja-Hack)
1 gelbe Paprikaschote
1 Knoblauchzehe
1 Zwiebel
3 Eier
125 g Magerquark
3 EL Semmelbrösel (siehe S. 217)
Pfeffer
1 TL Paprikapulver
1 TL Sesam
½ TL Schwarzkümmel

1. Den Backofen auf 180 °C vorheizen. Gemüsebrühe mit Sojasauce und Tomatenmark aufkochen. Mit Salz abschmecken und über das Soja-Granulat gießen. Gut durchmischen und 5 Minuten zum Quellen stehen lassen. Paprikaschote entkernen und in schmale Streifen schneiden.

2. Knoblauch und Zwiebel schälen, würfeln und zum Soja geben. Eier, Quark, Semmelbrösel, Pfeffer und Paprika zufügen und alles gut vermischen. Mit Salz abschmecken.

3. Eine Kastenform (25 cm Länge) mit Backpapier auslegen und die Hälfte der Mischung einfüllen. Die Paprikastreifen der Länge nach in den Teig drücken, restlichen Teig einfüllen. Mit Sesam und Schwarzkümmel bestreuen. 1 Stunde backen.

4. Für den Vorrat den Braten scheibenweise einfrieren. Haltbarkeit etwa 6 Monate. Oder den Braten heiß, direkt aus dem Ofen, in Dosen oder Tiefkühlbeutel verpacken und abgekühlt in den Kühlschrank legen. Haltbarkeit etwa 10 Tage.

Pro Scheibe: 13 g Eiweiß, 2 g Fett, 5 g Kohlenhydrate, 5 g Ballaststoffe = 96 Kalorien

Variante 1: 3–4 EL gehackte frische Kräuter der Saison in den Teig mischen.

Variante 2: Anstelle der Paprikaschote 2–3 EL gut abgetropfte Maiskörner aus der Dose unterheben.

Tipp: Ruhig beim Würzen zwischendurch probieren, anders als Fleischteig schmeckt Vegi-Hack auch roh ganz angenehm.

KERNIG UND KÖSTLICH: GEKOCHTES GETREIDE

Gekochtes Getreide vertreibt den Hunger für lange Zeit und lässt sich vielseitig verwenden. Mit Zwiebeln und Kräutern angedünstet, ergeben alle Getreidesorten herzhafte Beilagen zu Gemüse, Fisch oder Fleisch. Mit frischem oder tiefgekühltem Gemüse und etwas Brühe wird blitz-schnell ein Eintopf daraus. Eine Hand-voll Körner verfeinert auch frische Salate und gibt ihnen „Biss". Für den Vorrat die Körner kochendheiß in Vorratsboxen füllen, schließen und abgekühlt in den Kühlschrank stellen. Haltbarkeit etwa 2 Wochen.

1 BUCHWEIZEN: Die Körner im Sieb waschen, in der 2,5-fachen Menge Salzwasser oder Brühe in 15 Minuten al dente kochen.

2 WEIZEN UND KAMUT: Körner 12 Stunden einweichen, abgießen, in frischem Wasser 50 bis 60 Minuten kochen.

3 HIRSE: In der 2,5-fachen Menge Salzwasser oder Brühe 20 Minuten al dente kochen.

4 HAFER: In viel Wasser oder Brühe 30 bis 40 Minuten kochen. Vorher nicht einweichen!

5 QUINOA: Auf einem Sieb heiß abspülen, mit der 1,4-fachen Menge Wasser in 20 Minuten kochen. Vom Herd nehmen, mit einer Gabel auflockern.

6 GRÜNKERN: 1–2 Stunden einweichen, in viel Wasser 45 Minuten kochen.

7 PERLGRAUPEN: In viel leicht gesalzenem Wasser 30 bis 40 Minuten kochen, im Sieb abgießen, kalt abspülen.

8 DINKEL: Die Körner über Nacht einweichen, abgießen, mit frischem Wasser 50 bis 60 Minuten garen.

Extra viele BIOAKTIVE PFLANZENSTOFFE

Das helle neutrale Püree aus geschälten **ZUCCHINI** ist ideal für den Vorrat. Es hat am wenigsten Eigengeschmack und lässt sich deshalb sehr vielseitig verwenden und würzen.

Schön grün: Zucchini mit Schale püriert. **ZUM BINDEN** eignen sich außerdem Pürees von Blumenkohl, Fenchel, Kohlrabi, Pastinaken, Sellerie, Süßkartoffeln, Kürbis und Zwiebeln.

GEMÜSE STATT SAHNE

GEMÜSE HAT VIELE TALENTE: Püriert wird es zum vielseitigen Küchenhelfer, ermöglicht cremig-leichte Saucen – und spart dabei Kalorien, Zeit und Geld.

NÄHRSTOFFE NUTZEN: Gemüsepüree bindet Flüssigkeiten ohne viele Kalorien und zaubert blitzschnell schmackhafte Saucen. Faustregel: 1 EL Püree reicht zum Binden von 2 – 3 EL Koch- oder Bratenfond. Für Cremesuppen etwas weniger nehmen.

FETT SPAREN: Ihre Lieblingssauce enthält reichlich Sahne? Ersetzen Sie einen Teil durch Püree, das spart Fettkalorien.

ZUBEREITEN: Die Gemüse putzen, eventuell schälen, grob würfeln. 500 g davon mit 3 bis 4 EL Wasser und etwas Salz im geschlossenem Topf bei niedriger Hitze garen, dann fein pürieren. Beispiel: 500 g Kohlrabi ergeben knapp 600 g Püree. Für einen Vorrat von 600 g Zucchinipüree 4 mittelgroße Zucchini (etwa 1 kg) gründlich schälen und garen. Für helles Püree 500 g vom hellen Fruchtfleisch garen und pürieren, für dunkelgrünes 100 g Fruchtfleisch mit den Schalen kochen.

AROMEN NUTZEN: Zu Fisch ergibt Fenchelpüree mit dem ausgetretenen Fischsaft eine tolle Sauce. Die dezente Süße von Kohlrabi macht Bratensaucen runder, pürierter grüner Spargel gibt Risotto den Kick. Ein Klecks vom Zucchinischalenpüree setzt einen grünen Kontrast in hellen Cremesuppen.

NICHT WEGWERFEN: Im Kühlschrank dämmern eine Kohlrabiknolle, ein halber Fenchel, ein Rest Blumenkohl dem Verzehr entgegen? Ehe all das im Müll landet, machen Sie daraus ein Püree, bei Blumenkohl und Fenchel inklusive Strunk!

AUFBEWAHREN: Alle Pürees halten sich gut verpackt einige Tage im Kühlschrank. Für den Langzeitvorrat in flachen Beuteln einfrieren und bei Bedarf Stücke abbrechen.

CORNFLAKES: 1 EL zerbröselt = 7 g; 25 Kalorien, 0,3 g Ballaststoffe

Den Inulin-Soja-Mix in einem Schraubdeckelglas oder einer Dose **LUFTDICHT** verpacken. Er zieht sonst, ähnlich wie Kochsalz, Wasser an und wird klumpig.

PÜREEFLOCKEN: 1 EL = 10 g; 35 Kalorien, 0,4 g Ballaststoffe

INULIN-SOJA-MIX: 1 EL = 11 g; 30 Kalorien, 5,6 g Ballaststoffe

SEMMELBRÖSEL: 1 EL = 8 g; 28 Kalorien, 0,4 g Ballaststoffe

NÜTZLICHE KRÜMEL

SEMMELBRÖSEL

Frisch gemachtes Paniermehl schmeckt einfach besser als gekauftes. Und Selbermachen ist so einfach: Gut getrocknete Brötchen oder trockenes Brot für gröbere Brösel im Blitzhacker oder für feine Brösel mit der Reibe der Küchenmaschine zerkleinern. In eine gut schließende Vorratsdose geben, fertig. Mit hellen Semmelbröseln geraten die Zubereitungen leicht und locker. Ist mehr Vollkorn enthalten, erzielt man eine etwas kräftigere und würzigere Beschaffenheit.

CORNFLAKES

Die gelben Flocken aus gekochtem und getrocknetem Mais eignen sich gut für knusprige Panaden (siehe Seite 153, Fisch & Chips) und sind attraktive Toppings für Aufläufe. Zum Zerkleinern einfach in einer Plastiktüte ausbreiten und mit der Kuchenrolle darüberrollen. Zur Wahl stehen neben dem Klassiker auch ungesüßte Cornflakes, Vollkornvarianten und glutenfreie Cornflakes.

PÜREEFLOCKEN

Wer eine Tüte Kartoffelpüree im Vorrat hat, ist mancher Küchenkrise gewachsen. Die Kartoffelflocken sind vielseitig einsetzbar: Sie binden Suppen, Gemüseeintöpfe und Hackfleischteig und panieren sogar Schnitzel: Dafür das Fleisch erst in Milch, dann in Püreeflocken wenden. Die Panade gerät beim Braten besonders knusprig.

INULIN-SOJA-MIX

Der lösliche Ballaststoff Inulin gehört ähnlich wie die Stärke zum Energievorrat vieler Pflanzen. Das leicht lösliche Pulver wird meist aus den Wurzeln der Zichorie gewonnen. Eine Mischung aus Inulin und Sojamehl macht magere Milchprodukte cremiger, schmeckt neutral und passt sich allen Geschmacksrichtungen an. Für den Vorrat einfach 100 g Inulin (aus dem Internetversand) mit 100 g Sojamehl vermischen. Zum Beispiel 1 bis 2 TL von der Mischung mit etwas Wasser in 250 g Magerquark geben. Mit einem Schneebesen kräftig durchrühren, fertig. Schmeckt wie Sahnequark.

ECHTE EXPRESS-REZEPTE

REGISTER

IMPRESSUM

© 2014 Stiftung Warentest, Berlin

Stiftung Warentest
Lützowplatz 11–13
10785 Berlin
Telefon 0 30/26 31–0
Fax 0 30/26 31–25 25
www.test.de
email@stiftung-warentest.de

USt.-IdNr.: DE136725570

Vorstand: Hubertus Primus
Weiteres Mitglied der Geschäftsleitung:
Dr. Holger Brackemann
(Bereichsleiter Untersuchungen)

Programmleitung: Niclas Dewitz

Konzeption/Idee: Elisabeth Lange, Niclas Dewitz, Florian Brendel
Autorin: Elisabeth Lange
Projektleitung/Lektorat: Niclas Dewitz
Mitarbeit: Veronika Schuster, Dr. Karsten Treber
Korrektorat: Hartmut Schönfuß, Berlin
Nährwertberechnungen: Astrid Büscher, Hamburg

Titelentwurf und Layout: Florian Brendel, Berlin
Bildredaktion: Florian Brendel, Berlin
Fotografie: Knut Koops, Berlin
Foodstyling: Frauke Koops, Geesthacht

Produktion: Vera Göring
Verlagsherstellung: Rita Brosius (Ltg.), Susanne Beeh
Litho: tiff.any, Berlin

Druck: Grafisches Centrum Cuno GmbH & Co. KG, Calbe

ISBN: 978-3-85851-092-8